COMENTÁRIOS AO CÓDIGO CIVIL DE 2002

Vol. II

Direito das Obrigações

Arts. 233 a 420

Caio Mário da Silva Pereira

COMENTÁRIOS AO CÓDIGO CIVIL DE 2002

Vol. II

Direito das Obrigações

Arts. 233 a 420

Atualização legislativa:
Cristiano de Sousa Zanetti
Leonardo de Campos Melo

G|Z EDITORA

OAB EDITORA

Rio de Janeiro
2018

1ª edição – 2018

CIP – Brasil. Catalogação-na-fonte.
Sindicato Nacional dos Editores de Livros, RJ.

P49c

Pereira, Caio Mário da Silva, 1913-2004

Comentários ao Código Civil de 2002: direito das obrigações - arts. 233 a 420, volume 2 / Caio Mário da Silva Pereira; organização Cristiano de Sousa Zanetti, Leonardo de Campos Melo. - 1. ed. - Rio de Janeiro: LMJ Mundo Jurídico, 2018.

200 p.; 24 cm.

Inclui índice

ISBN 9788595240360

1. Direito civil - Brasil. I. Zanetti, Cristiano de Sousa. II. Melo, Leonardo de Campos. III. Título.

18-48337

CDU: 347 (81)

GZ EDITORA

e-mail: contato@editoragz.com.br
www.editoragz.com.br
Av. Erasmo Braga, 299 - sala 202 – 2º andar – Centro – Rio de Janeiro – RJ – CEP 20010-170
Tels.: (0XX21) 2240-1406 / 2240-1416 – Fax: (0XX21) 2240-1511

Impresso no Brasil
Printed in Brazil

AGRADECIMENTOS

Gabriela Vieira Leonardos foi responsável pela minuciosa revisão do trabalho de digitação dos manuscritos deste Volume II, sobre o Direito das Obrigações, base segura para o nosso trabalho de atualização legislativa.

Joyce da Silva, promissora acadêmica de direito, contribuiu com a revisão acurada da versão atualizada do texto, com o propósito de assegurar tanto sua fidelidade aos Comentários de Caio Mário, como sua aderência à legislação em vigor.

A Editora GZ, entusiasmada pelo projeto desde o seu início, permanece apoiando-nos incondicionalmente.

Reiteramos nossos agradecimentos à família do Professor Caio Mário, que também nos confiou o honroso trabalho de trazer a público o Volume II destes Comentários, com autonomia para a sua realização.

Este livro jamais teria sido publicado se não fosse a ajuda e o incentivo das pessoas acima indicadas, a quem manifestamos nossos mais sinceros agradecimentos.

OS CLÁSSICOS DO DIREITO BRASILEIRO

Os principais juristas brasileiros estiveram relacionados com a atividade da advocacia, quase sempre em púlpitos ou em tribunais, nascendo a ciência do exercício do seu labor. O advogado esteve envolvido diretamente com a produção de obras, de estudos, de artigos e de dissertações sobre o Direito e a Justiça. Com frequência, Presidentes e Conselheiros do Conselho Federal da Ordem dos Advogados do Brasil publicaram obras jurídicas de natureza marcante e profunda na cultura jurídica do país.

Não se pode esquecer a memória do penalista que foi Nelson Hungria, talvez o mais importante ao longo da História, com seus **Comentários**, mesmo anterior à Reforma da Parte Geral do Código Penal, ainda têm apontado para a direção certa na interpretação da norma criminal. No Direito Civil, por outro lado, Caio Mário da Silva Pereira trouxe significativas análises sobre este direito e sobre o Código Civil de 1916, em **Instituições**, dando uma explicação clara e sucinta capaz de explicar o problema de pronto. Também Presidente do Conselho Federal, Miguel Seabra Fagundes escreveu um dos principais pilares do moderno Direito Administrativo brasileiro, tratando dos limites e da forma de se discutir judicialmente o ato normativo.

Para celebrar o passado, mas também para abrir as portas para o futuro, pretende-se lançar obras marcantes do Direito brasileiro e que foram decisivas para a construção do Direito atual, no começo do século XX. Junto com a Editora GZ, a Editora do Conselho Federal da Ordem dos Advogados do Brasil lança-se na reconstrução da memória jurídica brasileira, para alavancar o estudo do Direito Penal, do Direito Civil e do Direito Administrativo, dentre outras matéria que se vai resgatar. A construção de um Direito eficiente, profissional e democrático na República depende da pesquisa e do estudo jurídico, razão pela qual se pretende a edição de tais obras e outras mais.

Marcos Vinícius Furtado Coelho

NOTA DOS ATUALIZADORES

O MANUSCRITO DO PROFESSOR

O Código Civil de 2002 é fruto de Anteprojeto de Comissão de Juristas presidida por Miguel Reale e integrada por José Carlos Moreira Alves, Agostinho de Arruda Alvim, Sylvio Marcondes, Ebert Chamoun, Clóvis do Couto e Silva e Torquato Castro, apresentado à Câmara dos Deputados, pelo Poder Executivo, em 1975. O Projeto de Lei foi aprovado em 1984, com envio imediato ao Senado Federal, onde permaneceu por quase quinze anos. Após tramitação em segundo turno, foi sancionado, em 10 de janeiro de 2002, pelo Presidente da República.

Durante a sua longa tramitação no Senado Federal, Caio Mário debruçou-se sobre o Projeto de Lei então aprovado na Câmara e comentou à mão, um a um, todos os seus mais de dois mil artigos, fundado na seguinte orientação:

> *"Para tudo existe motivação. Estes* Comentários *têm as suas.*
> *A primeira reside no fato de estar eu engajado no movimento de reforma do Código Civil, desde a primeira hora, como projetista e como participante doutrinário – colaborador direto na qualidade de autor do Projeto de Código de Obrigações e membro da Comissão Revisora do Projeto de Código Civil, ambos de 1965 –, participante indireto por ter, durante mais de uma dezena de anos de sua lenta elaboração, contribuído com a minha palavra, posto que desautorizada, e com meus modestos ensinamentos para um possível aprimoramento que recebeu, vindo a desaguar no diploma aprovado.*
> *A segunda situa-se em que escrevi e publiquei, sempre atualizadas, as minhas Instituições de Direito Civil, às quais jamais faltou a informação histórica (Professor Titular que fui de Direito Civil e Romano) e a invocação comparatista (Catedrático que fui de Direito Civil Comparado).*
> *Vindo à luz o esperado Código, entendi de meu dever comentar e esclarecer seus dispositivos.*
> *Duas rotas se me ofereciam: a dos comentários aprofundados, como na França os de Huc e no Brasil os de Carvalho Santos; e a dos comentários mais sintéticos, como os de João Luís Alves e Clóvis Beviláqua.*

> *Si parva licet componere magnis,*[1] *optei por estes últimos. A mim me pareceu mais útil trazer desde logo minha visão global de professor sobre o novo diploma, aliada à minha experiência profissional de advogado militante, oferecendo hermenêutica singela para as normas que entram em vigor. Desta sorte, proponho-me abrir caminho às obras doutrinárias – sistemáticas ou monográficas – e, mesmo, permitir aos que se abalancem a tecer comentários em profundidade, buscar na minha opinião subsídio, ou material para crítica."*

O Manuscrito do Professor foi inicialmente entregue aos atualizadores de sua principal obra, as *Instituições de Direito Civil*, para assegurar que a sua adequação às regras do Código Civil de 2002 se desse à luz dos ensinamentos de seu próprio autor.

Idealizou-se, à época, a publicação destes *Comentários*, separadamente às *Instituições*. Parte do Manuscrito, todavia, extraviou-se, impedindo que a iniciativa fosse levada adiante. Passados mais de dez anos, os trechos faltantes foram encontrados, e o Manuscrito, novamente completo, pôde, finalmente, ser trazido ao conhecimento do público.

Acolhido com entusiasmo pela Editora GZ, o projeto deu-se em três partes: digitação do Manuscrito, conferência do conteúdo digitado e atualização legislativa. À equipe da Editora GZ somaram-se os atualizadores, cujo trabalho, em essência, consistiu em identificar as diferenças entre o Projeto de Lei comentado por Caio Mário e o Código hoje em vigor. Em adição, os atualizadores colaboraram na revisão pontual do Manuscrito, com o propósito de assegurar a fidelidade da publicação ao pensamento do autor, realizaram imprescindíveis ajustes de forma e, excepcionalmente, recorreram às *Instituições de Direito Civil*, para complementar as raras lacunas encontradas.

Cada comentário é precedido pelo dispositivo do Código Civil de 2002, seguido da indicação de seu equivalente no Projeto de Lei aprovado pela Câmara dos Deputados em 1984, comentado por Caio Mário. Constatada a correspondência entre os textos – e isso ocorreu na maioria absoluta das vezes –, inseriu-se, em seguida, a expressão "*texto idêntico ao do Código Civil*". Igual procedimento foi observado diante de meras alterações de forma, sem repercussão para os respectivos comentários. Verificadas mudanças de conteúdo, transcreveram-se, em seguida aos artigos do Código Civil, os respectivos dispositivos do Projeto de Lei comentados. Quando pertinente, acrescentaram-se "*notas dos atualizadores*", para ressaltar a diferença entre o texto legislativo em vigor e aquele comentado por Caio Mário.

---

1 Em tradução livre: "Se é lícito comparar as pequenas coisas às grandes".

Cientes da relevância destes *Comentários* ao estudo e à aplicação do Direito Privado, cumprimos o honroso dever de torná-los públicos, para proveito de todos aqueles que, como nós, são alunos de Caio Mário e admiradores de sua grande obra, que, agora, também inclui o Manuscrito do Professor.

São Paulo e Rio de Janeiro, julho de 2017.

Cristiano de Sousa Zanetti
Leonardo de Campos Melo

SOBRE OS ATUALIZADORES

CRISTIANO DE SOUSA ZANETTI
Professor Associado da Faculdade de Direito da USP. Mestre, doutor e livre-docente pela Faculdade de Direito da USP. Mestre em Sistema Jurídico Romanístico, Unificação do Direito e Direito da Integração pela Università degli Studi di Roma Tor Vergata. Vice-Presidente do Instituto de Direito Privado – IDiP. Foi Vice-Reitor Executivo Adjunto de Administração da USP. Autor de livros, capítulos de livros e artigos em periódicos nacionais e internacionais sobre Direito Civil, designadamente no âmbito do Direito das Obrigações.

LEONARDO DE CAMPOS MELO
Advogado. Professor de Arbitragem no Programa de Pós-Graduação da Pontifícia Universidade Católica do Rio de Janeiro (PUC-Rio). Mestre em Direito Civil pela Universidade do Estado do Rio de Janeiro (UERJ). Mestre (LL.M.) pelo Centro de Arbitragem Comercial Internacional da American University (Washington, D.C., EUA). Autor de livros no Brasil e no exterior, e de artigos em periódicos nacionais e internacionais, sobre Arbitragem e sobre Direito Civil.

ÍNDICE SISTEMÁTICO

Título II

DA TRANSMISSÃO DAS OBRIGAÇÕES

Título III

DO ADIMPLEMENTO E EXTINÇÃO DAS OBRIGAÇÕES

Título IV

DO INADIMPLEMENTO DAS OBRIGAÇÕES

INTRODUÇÃO

1. A elaboração do novo Código

1.1. Em minha obra doutrinária, venho defendendo, há décadas, a necessidade de ser atualizado o Código Civil. Não que fosse ele mau. Promulgado, entretanto, em 01.01.1916, não absorveu as grandes inovações da ciência civilista neste século, uma vez que vem calcado no "Projeto Beviláqua", de 1899.

Em discurso que pronunciei em 1962, ao me ser conferida, pelo Instituto dos Advogados Brasileiros, a "Medalha Teixeira de Freitas", analisei o defasamento entre o direito legislado e o enorme desenvolvimento socioeconômico do Brasil. Recordando, então, que todo o movimento jurídico do século XIX girara em torno da concepção individualista e proprietarista da vida, apregoei a mutação ontológica que substituiu a pedra de base do alicerce social, cambiado do capital para o trabalho (ver meu livro *Reformulação da Ordem Jurídica e outros temas*, Editora Forense, p. 20).

1.2. Foi, portanto, com justo orgulho que recebi o convite para participar do movimento de reforma do Direito Civil. Incumbido de elaborar um "Anteprojeto de Código de Obrigações", nele me empenhei, concluindo-o em 1964, precedido de "Exposição de Motivos", que divulguei em Anexo ao vol. II de minhas *Instituições de Direito Civil*.

Ao assumir Milton Campos o Ministério da Justiça, confiou-me a chefia de seu gabinete, delegando-me o encargo de superintender os trabalhos de reforma dos Códigos, compreendendo o Direito Civil, o Direito Penal e o Direito do Trabalho.

Nestas condição, participei com Orozimbo Nonato e Orlando Gomes da revisão do Projeto de Código Civil (que compreendia o Direito de Família, o Direito das Coisas e o Direito das Sucessões), e da revisão do Projeto de Código de Obrigações com Orozimbo Nonato, Orlando Gomes, Theophilo de Azeredo Santos, Sylvio Marcondes e Nehemias Gueiros.

Concluídos os trabalhos, tive a honra de, com Orozimbo Nonato, entregar ao Presidente Castelo Branco os dois Projetos, que enfeixavam a reformulação dogmática de nosso Direito Privado.

1.3. Lamentavelmente, injunções de outra natureza induziram o Governo a retirar do Congresso os dois Projetos, perdendo o primeiro Presidente do Regime de 1964 a oportunidade de ser o fautor de toda uma reforma estrutural.

Em 1967, fui pessoalmente convidado pelo então Ministro da Justiça para assumir a elaboração de todo o Projeto de Código Civil, operando a junção dos trabalhos anteriores, que não haviam sido repudiados, mas deveriam ser aglutinados em um só diploma, atendendo a que se inclinavam as preferências pela volta de um Código único de Direito Privado, o qual seria precedido de uma Parte Geral.

1.4. Movido por outras razões, o Senhor Ministro da Justiça inclinou-se por uma Comissão, tendo como coordenador o Professor Miguel Reale, e integrada pelo Ministro José Carlos Moreira Alves, a quem foi entregue a redação da Parte Geral; Professor Agostinho Alvim, incumbido do Direito de Obrigações e Contratos; Professor Sylvio Marcondes, Direito de Empresa; Professor Ebert Chamoun, a quem coube o Direito das Coisas; Professor Clóvis do Couto e Silva, Direito de Família; e Torquato Castro, Direito das Sucessões.

1.5. A Comissão concluiu a primeira etapa de seus trabalhos em 1972, dando à publicidade um Anteprojeto.

A convite do Professor Theophilo de Azeredo Santos, então presidente do Instituto dos Advogados Brasileiros, pronunciei conferência, na qual discorri sobre todo o Anteprojeto, evidenciando numerosas falhas de que padecia, e salientando sobretudo ser um empreendimento retrógrado, em desconformidade com o grau da evolução jurídica do País. Foi o ponto de partida para os trabalhos críticos promovidos pelos Institutos de Advogados, Seções da Ordem dos Advogados, Faculdades de Direito, Associações Comerciais, Agremiações estudantis, além dos grandes jornais das Capitais. Neste propósito construtivo, pronunciei conferências, participei de simpósios, realizei estudos, não poupando esforços nem regateando contribuições (ver meu livro *Reformulação da Ordem Jurídica e Outros temas, Editora Forense*, p. 138-241).

1.6. Posso dizer que não foi em vão o meu esforço. Republicado o Anteprojeto em 1974, a Comissão foi sensível às minhas observações, e acolheu em grande parte as minhas críticas, embora não lhes fizesse qualquer referência.

1.7. Concluído a final o trabalho, foi enviado ao Congresso Nacional o Projeto de Código Civil, que recebeu na Câmara dos Deputados o nº 634, de 1975.

Constituída Comissão para estudá-lo, recebi de seu presidente, o então Deputado Tancredo Neves, convite, a que atendi, fazendo longa exposição perante os membros da Douta Comissão da Câmara dos Deputados. Mostrei o que o Projeto apresentava de satisfatório, sem, contudo, omitir o que se me afigurava passível de emendas.

Largo tempo permaneceu na Câmara dos Deputados, alvejado por centenas de emendas, e sobretudo atingido pela renovação dos mandatos, em virtude de alguns membros da Comissão haverem sido substituídos.

Em 1º de setembro de 1983, o Deputado Ernani Satyro, na qualidade de relator geral, produziu extenso parecer, seguido de apreciação de todas as emendas.

Com base nesse exaustivo e competente trabalho, a Câmara dos Deputados, ao findar o ano legislativo de 1983, e pelo acordo das lideranças, aprovou o Projeto, que, após redação final, foi publicado no *Diário do Congresso Nacional*, aos 17 de maio de 1984.

1.8. Enviado ao Senado Federal.

> **NOTA DOS ATUALIZADORES:**
> Os *Comentários* de Caio Mário foram elaborados com base no Projeto de Código Civil aprovado pela Câmara dos Deputados em 1984, e não contemplaram, consequentemente, as etapas seguintes de sua tramitação no Congresso Nacional. Por essa razão, acrescente-se que, em seguida aos fatos acima narrados por Caio Mário, o Projeto de Código Civil tramitou no Senado Federal no período compreendido entre junho de 1984 e dezembro de 1997, depois foi remetido para a Câmara dos Deputados e novamente para o senado Federal, no período compreendido entre fevereiro de 1998 e dezembro de 2001.

Ordinariamente, a tramitação do Projeto de Código Civil exigiria dos Senhores Deputados tão somente a análise das alterações realizadas pelo Senado Federal. Todavia, considerando-se que o Projeto havia retornado à Câmara trezes anos após sua aprovação em primeiro turno e vinte e três anos após o início de sua tramitação, inclusive após a entrada em vigor de nova Constituição Federal, mostraram-se necessárias profundas alterações de forma e conteúdo, o que reclamava, naturalmente, novos turnos de apreciação pelo Senado Federal e pela Câmara dos Deputados. Tais exigências, muito provavelmente, inviabilizariam a aprovação do Projeto naquele momento político.

Para superar o impasse, o Congresso Nacional fez publicar a Resolução nº 1, de 31 de janeiro de 2000, que estabeleceu trâmite especial para todo e qualquer projeto de Código em tramitação há mais de três legislaturas. Com a entrada em vigor da Resolução nº 1/2000, as novas alterações no Projeto de Código Civil, realizadas pela Câmara dos Deputados, foram submetidas à análise da Comissão de Constituição e Justiça do Senado Federal, cujo respectivo parecer foi aprovado em curtíssimo prazo pelo Plenário. Aprovadas as alterações pelo Senado Federal, o Projeto teve tramitação final na Câmara dos Deputados, tendo sido enviado, em dezembro de 2001, à sanção presidencial.

A tramitação pormenorizada do Projeto de Código Civil no Congresso Nacional é objeto de extensa publicação do Senado Federal denominada "*Memória Legislativa do Código Civil*", em quatro volumes, integralmente disponível para acesso no website <http://www.senado.leg.br/publicacoes/MLCC/>.

1.9. Devolvido à Câmara dos Deputados, foi finalmente aprovado, e, assim, promulgado o novo Código Civil brasileiro, cuja vigência foi estabelecida com o prazo de um ano.

1.10. Publicado, pois, o novo Código, e aberto o prazo de sua *vacatio* para que fosse estudado e mais bem compreendido, tomei a iniciativa de comentá-lo, artigo por artigo.

Antes, porém, de entrar nestas minúcias, cabe uma observação de cunho genérico.

O novo Código, como trabalho de equipe, composta de juristas de inequívoco valor intelectual, porém imbuídos de convicções próprias, ressente-se fundamentalmente da unidade de pensamento que foi a riqueza da "Consolidação das Leis Civis", de Teixeira de Freitas, e do "Projeto de Código Civil", de Clóvis Beviláqua, penhor, aliás, de sua sobrevivência.

Demais disso, dado o longo período de sua elaboração, a se computar de quando foi constituída a Comissão que o compôs até a sua conversão em lei, sofreu o Direito Privado brasileiro um processo altamente construtivo. Infelizmente, o novo diploma absorveu mal as mudanças operadas em nosso Direito Positivo, a que se deve aditar a votação de uma Constituição da República, desbordando do plano institucional, para percutir nas relações de cunho privado.

> **NOTA DOS ATUALIZADORES:**
> Neste parágrafo, Caio Mário se refere à votação da Constituição Federal de 1988.

1.11. Força é salientar que, devido às críticas que marcaram as diversas fases de sua lenta elaboração, com prazer observo que o Código acusa sensíveis melhoras, em comparação com o Anteprojeto de 1972, para o que, *si magna pars non fui*,[1] anima-me a alegria de consignar que não me faltou a mim, modesto obreiro do Direito Civil, ter contribuído de alguma forma para a complementação do edifício.

2. Visão topográfica do Código

2.1. Abandonada a ideia de dicotomizar o Direito Privado, o novo Código compreende, em um só diploma, a unificação do direito obrigacional, que veio preconizada por Teixeira de Freitas, à qual se apegaram Orozimbo Nonato, Filadelfo Azevedo, Hanemann Guimarães, Francisco Campos, e tantos outros, e que eu venho defendendo ativa e persistentemente.

Por força, entretanto, de circunstâncias várias, tiveram de se conservar à margem diversos institutos, aos quais, *opportuno tempore*, hei de me referir.

2.2. Abre-se o novo Código com uma Parte Geral, a exemplo do que ocorrera com o de 1916, que a seu turno seguia a trilha aberta pelo *Bürgerliches Gesetzbuch*. Por uma Parte Geral tem início o Código Civil português de 1966, que entrou a vigorar em 1967.

1 Em tradução livre: "*ainda que eu não tenha feito a parte mais importante*".

2.3. A Parte Geral desdobra-se em três Livros que correspondem aos elementos do direito subjetivo: das Pessoas, dos Bens, dos Fatos Jurídicos.

No Livro I, trata o Código das Pessoas Físicas (a que adita a moderna concepção dos direitos da personalidade) e das Pessoas Jurídicas (disposições gerais, associações e fundações), deixando a disciplina das sociedades para a Parte Especial.

No Livro II, cogita das diferentes classes de bens.

O Livro III inicia-se com a dogmática do negócio jurídico (*Rechtsgeschäft*), tal como fizera eu no meu Projeto de Código de Obrigações. Entre os defeitos do negócio jurídico, o novo Código inclui o "estado de perigo" e a "lesão", que figuravam igualmente no meu Projeto. Dele, também, aproveitou a ideia de destacar, em instituto autônomo, a "representação". Separa a prescrição e a decadência, e termina com a matéria referente à prova do fato jurídico, em que poderia ser mais rico no aproveitamento dos processos técnicos.

2.4. O Livro I da Parte Especial versa sobre o Direito das Obrigações, dominado pela ideia-força de sua unificação. Efetivamente, não tem mais cabida a distinção das obrigações civis separadas das obrigações mercantis.

Na teoria do contrato, o Código não foi feliz. O Projeto de 1975 havia aceito o ordenamento dos "contratos bancários", desenvolvidos no meu Projeto. A Câmara dos Deputados os eliminou, lamentavelmente. De se lastimar, também, não houvesse o novo Código regulamentado toda uma nova tipologia contratual, que tamanha importância adquiriu nas atividades modernas, com as figuras do "arrendamento mercantil" (*leasing*), "faturização" (*factoring*), "franquia" (*franchising*), "assistência técnica" (*know how*), "cartões de crédito", "cruzeiro turístico". Todos entregues às vacilações dos contratos atípicos, embora representem enorme propulsão dos negócios, no plano nacional como internacional, teriam lugar destacado no novo Código, com aproveitamento da experiência pragmática que os envolve.

2.5. O Livro II da Parte Especial é dedicado ao "Direito da Empresa", distribuído entre as atividades do empresário (Título I) e a disciplina das Sociedades (Título II), nos seus aspectos de "sociedades não personificadas" e "sociedades personificadas". Quanto a estas últimas, exclui a "anônima", que constava do Anteprojeto, mas que do Projeto enviado ao Congresso foi extirpada, devido a ter sido promulgada a Lei nº 6.404, de 15 de dezembro de 1976, que dispõe sobre as "sociedades por ações".

2.6. O Livro III é dedicado ao Direito das Coisas, compreendendo a posse, a propriedade e os direitos reais limitados.

2.7. O Livro IV, do Direito de Família, consagra algumas modificações nos institutos vigentes. Altera a sistemática dos "impedimentos matrimoniais", desacompanhando a doutrina canônica que os distribuía em "dirimentes" e "impedientes" (no que acompanha o Projeto de Código Civil de 1965).

Ao tratar da dissolução da sociedade conjugal, absorve os princípios contidos na Lei de Divórcio (Lei nº 6.515, de 16 de dezembro de 1977), revelando-se, contudo, mais tímido do que esta.

No tocante ao "Direito Patrimonial", considerou a comunhão parcial como o regime legal de bens, orientação propugnada pela quase unanimidade dos civilistas. Suprimiu o "regime dotal", completamente em desuso. Mas, introduziu o "regime de participação final nos aquestos", sem tradição em nosso Direito, o qual não oferece melhoria no relacionamento dos cônjuges, uma vez que a separação, a comunhão parcial e a comunhão universal cobrem toda a gama de relações econômicas entre cônjuges.

> **NOTA DOS ATUALIZADORES:**
> Em adição às modificações registradas por Caio Mário, o livro dedicado ao Direito de Família, diferentemente do Código Civil de 1916, disciplinou a união estável.

2.8. O Livro V, do Direito das Sucessões, não traz novidades de monta. Mantém as linhas gerais da sucessão legítima e da testamentária. Quanto à primeira, é de se notar a inclusão do cônjuge supérstite na condição de herdeiro necessário, isoladamente na falta de descendente ou ascendente do finado, ou em concorrência com uns e outros.

Simplifica a facção testamentária, com a diminuição das formalidades impostas no Código de 1916.

> **NOTA DOS ATUALIZADORES:**
> Em adição às modificações registradas por Caio Mário, o livro dedicado ao Direito das Sucessões, diferentemente do

Código Civil de 1916, previu regras próprias para a sucessão do companheiro.

3. Natureza destes Comentários

3.1. Para tudo existe motivação. Estes *Comentários* têm as suas.

A primeira reside no fato de estar eu engajado no movimento de reforma do Código Civil, desde a primeira hora, como projetista e como participante doutrinário – colaborador direto na qualidade de autor do Projeto de Código de Obrigações e membro da Comissão Revisora do Projeto de Código Civil, ambos de 1965 –, participante indireto por ter, durante mais de uma dezena de anos de sua lenta elaboração, contribuído com a minha palavra, posto que desautorizada, e com meus modestos ensinamentos para um possível aprimoramento que recebeu, vindo a desaguar no diploma aprovado.

A segunda situa-se em que escrevi e publiquei, sempre atualizadas, as minhas *Instituições de Direito Civil*, às quais jamais faltou a informação histórica (Professor Titular que fui de Direito Civil e Romano) e a invocação comparatista (Catedrático que fui de Direito Civil Comparado).

Vindo à luz o esperado Código, entendi de meu dever comentar e esclarecer seus dispositivos.

3.2. Duas rotas se me ofereciam: a dos comentários aprofundados, como na França os de Huc e no Brasil os de Carvalho Santos; e a dos comentários mais sintéticos, como os de João Luís Alves e Clóvis Beviláqua.

Si parva licet componere magnis,[2] optei por estes últimos. A mim me pareceu mais útil trazer desde logo minha visão global de professor sobre o novo diploma, aliada à minha experiência profissional de advogado militante, oferecendo hermenêutica singela para as normas que entram em vigor. Desta sorte, proponho-me abrir caminho às obras doutrinárias – sistemáticas ou monográficas – e, mesmo, permitir aos que se abalancem a tecer comentários em profundidade, buscar na minha opinião subsídio, ou material para crítica.

3.3. As informações bibliográficas serão sucintas, compreendendo a essência dos princípios, que procurei ilustrar com referência nominal aos

2 Em tradução livre: "se é lícito comparar as pequenas coisas às grandes."

mestres, nacionais e estrangeiros. Assim, terão elementos com relativo sobejo, aqueles que se proponham a pesquisas mais detidas.

3.4. Os *Comentários* são precedidos da indicação das fontes imediatas, já que as mais remotas, com alusão ao Direito pré-codificado, foram absorvidas no Código Civil de 1916.

3.5. No desenvolvimento dogmático dos preceitos, acompanhei de perto as minhas *Instituições de Direito Civil*, que, cobrindo toda a matéria, completarão o esforço interpretativo dos preceitos. Fi-lo, não por vaidade ou comodismo, mas pela razão de que a sua divulgação em repetidas edições revela que os Mestres do Direito Civil, os Magistrados e os Advogados lhes deram constante acolheita. Assim amparado, pareceu-me de bom alvitre utilizá-las, e bem assim a elas reportar-me.

3.6. Acredito que este despretensioso livro será de boa ajuda aos que se defrontarem com o novo Código, os quais nele encontrarão a suma dos conceitos básicos; aos estudantes, que, velho professor, tenho sempre à vista, prestará auxílio no entendimento dos princípios fundamentais.

A uns e a outros dedicando-o, espero que o aperfeiçoem com as suas observações e com os seus ensinamentos.

Rio de Janeiro,

Caio Mário da Silva Pereira

PARTE ESPECIAL

LIVRO I
DO DIREITO DAS OBRIGAÇÕES

Título I
DAS MODALIDADES DAS OBRIGAÇÕES

Capítulo I
DAS OBRIGAÇÕES DE DAR

Seção I
Das Obrigações de Dar Coisa Certa

TEXTO DO CÓDIGO CIVIL DE 2002:

Art. 233. A obrigação de dar coisa certa abrange os acessórios dela embora não mencionados, salvo se o contrário resultar do título ou das circunstâncias do caso.

TEXTO COMENTADO POR CAIO MÁRIO:
Idêntico ao do Código Civil.
Fontes: Código de 1916, art. 864; Projeto de Código de Obrigações de 1965, art. 93; Projeto de 1975, art. 231.

COMENTÁRIO

1. O Livro I do Código Civil, ao tratar do "Direito das Obrigações", está adstrito a conceito eminentemente técnico. O ordenamento social abrange numerosos deveres do indivíduo, como cidadão, como integrante de uma categoria, como membro da família. Não alude, o Código, a deveres outros, ainda que juridicamente exigíveis. Tem em vista uma acepção própria e específica, não caindo mal recordar a advertência de SALEILLES, a propósito do Código Civil Alemão: de todo o Direito Civil, são as obrigações que guardam maior cunho de elaboração científica e maior expressão de lógica jurídica (SALEILLES). Por isto mesmo, no desenvolvimento dos comentários, há mister reportar-se o hermeneuta, mais do que em outros setores, ao Direito Romano, qualificado por este grande mestre a obra prima das ciências jurídicas romanas.

2. A variedade das definições é muito grande. É, entretanto, costume relembrar sempre a das Institutas de JUSTINIANO: *Obligatio est iuris vinculum quo necessitate adstringimur alicuius solvendae rei, secundum nostrae civitatis iura.* Feita abstração da cláusula final, pode assim traduzir-se: vínculo jurídico ao qual nos submetemos coercitivamente, sujeitando--nos a uma relação. Mais ou menos extensamente, os civilistas nossos e alheios, definem-na (CLÓVIS BEVILÁQUA, SERPA LOPES, WASHINGTON DE BARROS MONTEIRO, COELHO DA ROCHA, LACERDA DE ALMEIDA, SAVIGNY, VITTORIO POLACCO, GIORGIO GIORGI, DEMOGUE, RUGGIERO, PLANIOL, DE PAGE, MAZEAUD, KARL LARENZ, VON TUHR, ENNECCERUS, HEDEMANN, e tantos mais). Entre todos quantos se lhe referem, posso também oferecer uma definição: *obrigação é o vínculo jurídico em virtude do qual uma pessoa pode exigir de outra uma prestação economicamente apreciável.* Aí estão os elementos essenciais. A existência de um vínculo jurídico é fundamental. Qualquer que seja seu objeto e natureza, há sempre a presença de uma relação necessária ligando uma pessoa a outra pessoa. Não sendo total a subordinação, sob pena de aniquilar a personalidade do devedor, o objeto da obrigação é uma prestação, caracterizada em um fato humano, que vai consistir em derradeira análise em entrega de uma coisa (*aliquid dare*), ou em fazer ou prestar algo (*facer vel praestare*), como o jurisconsulto PAULUS já assinalava na essência de toda obrigação (*obligationum substantia*). Finalmente, na minha definição encareço a economicidade do objeto. Ponto controvertido, entendo que a patrimonialidade da prestação lhe é ínsita, seja quando extensivamente vem manifestada, seja quando está implícita no seu objeto. Neste rumo, opinam DERNBURG, KOHLER, BRINZ, ENDEMANN, OSER, GIORGI, RUGGIERO, SALVAT, MAZEAUD, BEVILÁQUA, OROZIMBO NONATO.

3. Salientam-se na obrigação seus elementos básicos. A) *Um sujeito ativo ou credor* (*reus credendi*) que tem o direito de exigir a prestação; um sujeito passivo ou devedor (*reus debendi*) que tem o dever de prestar. A determinação subjetiva pode ocorrer desde o momento em que nasce, ou vir a se estabelecer ulteriormente. Mas é indispensável que ocorra até a fase executória. B) O segundo elemento, objetivo, reside na *pres-*

tação, que é sempre um fato humano, que se cumpre mediante a tradição de uma coisa ou a realização de uma ação ou omissão do devedor. Além da economicidade, salienta-se a determinabilidade do objeto, que pode ser simultânea à formação ou estabelecer-se até o momento em que se dará o cumprimento. É também caráter do objeto a possibilidade. O objeto absolutamente impossível impede o nascimento da obrigação, enquanto que a impossibilidade superveniente conduz à sua resolução. C) O terceiro elemento é o *vínculo jurídico*, que se diz o elemento nobre. É ele que traduz o poder concedido ao credor para exigir a prestação, que pode ser positiva ou negativa, assim há de ter um mínimo de seriedade, sem o que a obrigação perde toda substância. O vínculo jurídico, analisado em suas últimas consequências, revela uma restrição à liberdade do devedor, em relação ao objeto.

4. Abrindo o Título das Modalidades das Obrigações, o Código põe no primeiro plano, tal como se dava no de 1916, a obrigação de dar coisa certa. Esta se caracteriza pelo gênero, qualidade e quantidade. É o exemplo típico da obrigação positiva. O devedor tem de efetuar a entrega ou tradição da coisa, seja esta móvel ou imóvel. O credor de coisa certa não é obrigado a receber outra, ainda que mais valiosa, nem o devedor constrangido a dar coisa diversa, ainda que de menor valor, como por expresso enunciava o Código Civil de 1916 (art. 863) e com ele o Projeto de Código de Obrigações de 1965 (art. 92). O enunciado evita dúvidas. E, se na dação em pagamento a solução consiste em dar uma coisa por outra – *aliud pro alio* –, tal somente é lícito mediante o acordo do credor (art. 356). Daí, prevalece o princípio da identidade da *res debita*.

5. Tendo em vista que, via de regra, o acessório segue o principal, na prestação de coisa certa estão abrangidos os seus acessórios, independentemente de se acharem mencionados no contexto. A regra não é, contudo, absoluta. Podem ser excluídas expressamente, ou das circunstâncias do caso resultar a sua não inclusão.

6. Tradição. Nos artigos subsequentes, o Código faz referência à tradição, como elemento determinante de normas disciplinares das obrigações de dar. Estas se executam pela tradição, que pelo Direito brasileiro dá origem ao direito real – *ius in re*. Ao contrário de outros sistemas, o nosso mantém a prevalência romana. Naquele Direito era assente que a propriedade não se transferia pelo contrato, porém pela tradição e usucapião: *traditionibus et usucapionibus non nudis pactis dominia rerum transferuntur.* Também no Direito brasileiro, a propriedade não se transfere pelo contrato, exigindo-se a tradição para as coisas móveis e a inscrição do título no Registro para as imóveis. A tradição consiste na entrega da coisa. E se diz tradição real, quando se realiza materialmente; ou simbólica ou ficta, quando a coisa não passa de mão a mão – *de manu in manum* –, porém é representada por algo que a simbolize ou se presume.

TEXTO DO CÓDIGO CIVIL DE 2002:

Art. 234. Se, no caso do artigo antecedente, a coisa se perder, sem culpa do devedor, antes da tradição, ou pendente a condição suspensiva, fica resolvida a obrigação para ambas as partes; se a perda resultar de culpa do devedor, responderá este pelo equivalente e mais perdas e danos.

TEXTO COMENTADO POR CAIO MÁRIO:

Idêntico ao do Código Civil.

Fontes: Código de 1916, art. 865; Projeto de Código de Obrigações de 1965, art. 94; Projeto de 1975, art. 232.

COMENTÁRIO

1. O artigo tem em vista a obrigação de coisa certa – *certum corpus.* A tradição da coisa móvel é que importa transmissão de propriedade (art. 1.226). Sendo imóvel, com a inscrição do título no Registro Imobiliário (art. 1227). Até então, ela pertence ao devedor (art. 237), que suporta todos os riscos a que esteja sujeita. O mais grave de todos é a perda, usada a expressão em sentido genérico, abrangendo a sua destruição(*iteritus rei*), como ainda o desaparecimento de suas qualidades essenciais. Se se impossibilitar a entrega da coisa ao credor, sem culpa do devedor, a obrigação se extingue, sem que qualquer das partes deva algo à outra. A lei estende a hipótese à perda na pendência da condição suspensiva, porque também aí não adquire o credor direito à coisa (arts. 125 e 234).

2. Somente a boa-fé absolve o devedor. Em se perdendo por culpa deste, estará sujeito a transferir ao credor o equivalente pecuniário dela.

Não uma coisa de mesmo valor, salvo se se tratar de obrigação facultativa. O credor tem direito a uma quantia equivalente. E, ainda, deve-lhe o devedor ressarcir as perdas e danos, segundo o disposto no art. 402.

TEXTO DO CÓDIGO CIVIL DE 2002:

Art. 235. Deteriorada a coisa, não sendo o devedor culpado, poderá o credor resolver a obrigação, ou aceitar a coisa, abatido de seu preço o valor que perdeu.

Art. 236. Sendo culpado o devedor, poderá o credor exigir o equivalente, ou aceitar a coisa no estado em que se acha, com direito a reclamar, em um ou em outro caso, indenização das perdas e danos.

TEXTO COMENTADO POR CAIO MÁRIO:
Idêntico ao do Código Civil.

Fontes: Código de 1916, arts. 866 e 867; Projeto de Código de Obrigações, art. 95; Projeto de 1975, arts. 233 e 234.

COMENTÁRIO

Tratam estes artigos, como o 234, da teoria dos riscos. Chama-se "risco" aquilo a que a coisa se acha exposta de deterioração ou perda.

O credor de coisa certa não é obrigado a recebê-la deteriorada. Assegura-lhe a lei a alternativa de resolver a obrigação pura e simplesmente; ou, se mesmo assim ela lhe for prestada, poderá recebê-la no estado em que se acha. Estando o devedor de boa-fé, poderá reclamar seja abatido ao seu preço, quantia correspondente ao que perder com a deterioração. Se for o devedor culpado, subsiste alternativa, entre o recebimento no estado e o equivalente pecuniário, porém agravado com o ressarcimento das perdas e danos.

Acrescenta-se, entretanto, posto que controvertidamente, que as regras devem ter em vista deterioração ponderável (TITO FULGÊNCIO), não sendo curial a rejeição da coisa por danificação de pouca monta. A apreciação da ressalva é de se fazer em face das circunstâncias.

TEXTO DO CÓDIGO CIVIL DE 2002:

Art. 237. Até a tradição pertence ao devedor a coisa, com os seus melhoramentos e acrescidos, pelos quais poderá exigir aumento no preço; se o credor não anuir, poderá o devedor resolver a obrigação. **Parágrafo único.** Os frutos percebidos são do devedor, cabendo ao credor os pendentes.

TEXTO COMENTADO POR CAIO MÁRIO:
Idêntico ao do Código Civil.

Fontes: Código de 1916, art. 868; Projeto de Código de Obrigações, art. 96; Projeto de 1975, art. 235.

COMENTÁRIO

Com o desdobramento do disposto no art. 234, o Código enfatiza que, sendo a coisa móvel, somente com a tradição se transfere. Sendo imóvel, com a inscrição do título no Registro Imobiliário. Ressalva-se, obviamente, a transmissão *causa mortis*, sujeita a outras normas.

Até a tradição, o devedor tem direito aos incrementos da coisa, e, consequentemente, faz jus ao acréscimo no valor dela, pelo qual poderá exigir aumento no preço. Se o credor não anuir, o devedor poderá considerar resolvida a obrigação.

É de se ressaltar, como faz OROZIMBO NONATO, amparado em ALFREDO COLMO, que não deve ser esta regra incentivo à má-fé do devedor. Para tanto, observa-se que tem ele direito aos melhoramentos e acrescidos, se não proceder arbitrariamente. Foi o que o meu Projeto de Código de Obrigações de 1965 consagrou no art. 96.

Os frutos pendentes pertencem ao credor.

Obviamente, tudo se observará se o título ou as circunstâncias não dispuserem diversamente.

O Projeto de Código de Obrigações de 1965 adita ao princípio o direito do devedor às benfeitorias necessárias, que são despesas na coisa, com finalidade de conservá-la.

TEXTO DO CÓDIGO CIVIL DE 2002:

Art. 238. Se a obrigação for de restituir coisa certa, e esta, sem culpa do devedor, se perder antes da tradição, sofrerá o credor a perda, e a obrigação se resolverá, ressalvados os seus direitos até o dia da perda.

Art. 239. Se a coisa se perder por culpa do devedor, responderá este pelo equivalente, mais perdas e danos.

Texto comentado por Caio Mário:
Idêntico ao do Código Civil.
Fontes: Código de 1916, arts. 869 e 870; Projeto de Código de Obrigações de 1965, art. 98; Projeto de 1975, art. 236.

COMENTÁRIO

Obrigação de restituir é modalidade de *obligatio dandi*, de que difere em que a coisa pertence ao credor e se encontra com o devedor, que a devolverá no tempo e na forma do título. Os princípios de uma são extensivos à outra, com as peculiaridades necessárias.

Sendo o credor o proprietário, sofre a perda, segundo a regra cuja romanicidade é contestada, mas de aplicação prática muito útil: a coisa perece para o seu dono – *res perit domino*. Perecendo a coisa, sem culpa do devedor, a obrigação se resolve, pura e simplesmente. Estando o devedor em culpa, deverá entregar ao credor o equivalente pecuniário dela, e ainda ressarcir as perdas e danos.

Em qualquer hipótese, ao credor ressalvam-se os seus direitos até o dia da perda, como sejam os aluguéis, os frutos percebidos, e quaisquer outras vantagens, das quais o devedor não se pode apropriar, a pretexto da perda.

Texto do Código Civil de 2002:

Art. 240. Se a coisa restituível se deteriorar sem culpa do devedor, recebê-la-á o credor, tal qual se ache, sem direito a indenização; se por culpa do devedor, observar-se-á o disposto no art. 239.

Texto comentado por Caio Mário:
Idêntico ao do Código Civil.
Fontes: Código de 1916, art. 871; Projeto de Código de Obrigações, art. 98; Projeto de 1975, art. 238.

COMENTÁRIO

Se em vez de perda, houver deterioração, sofre-a igualmente o credor. A consequência varia conforme esteja o devedor de boa ou má-fé. Pela deterioração sem culpa, nada deve, e o credor recebe a coisa no estado em que se ache. Ocorrendo culpa do devedor, pode o credor exigir o seu equivalente em dinheiro, ou recebê-la como está. Num ou noutro caso, tem direito a ser indenizado das perdas e danos.

Texto do Código Civil de 2002:

Art. 241. Se, no caso do art. 238, sobrevier melhoramento ou acréscimo à coisa, sem despesa ou trabalho do devedor, lucrará o credor, desobrigado de indenização.

Art. 242. Se para o melhoramento, ou aumento, empregou o devedor trabalho ou dispêndio, o caso se regulará pelas normas deste Código atinentes às benfeitorias realizadas pelo possuidor de boa-fé ou de má-fé.

Parágrafo único. Quanto aos frutos percebidos, observar-se-á, do mesmo modo, o disposto neste Código, acerca do possuidor de boa-fé ou de má-fé.

Texto comentado por Caio Mário:

Fontes: Código de 1916, arts. 872 e 873; Projeto de Código de Obrigações de 1965, art. 98; Projeto de 1975, arts. 239 e 240.

COMENTÁRIO

Na obrigação de restituir, o que predomina são as regras atinentes à indenização por benfeitorias. Assim, lucra o credor o incremento recebido pela coisa, não devido ao trabalho ou dispêndio do devedor. O que este houver realizado, com seu trabalho ou seus gastos, é indenizável, aplicando-se as normas disciplinares das benfeitorias necessárias, úteis ou voluptuárias, contidas no art. 96 e 1.219 a 1.220. Se a coisa é frugífera, cabem ao devedor os frutos percebidos até o momento da tradição e ao credor os pendentes, estando aquele de boa-fé. Ao credor devem caber os frutos colhidos com antecipação, bem como a indenização pelos que deixou o devedor de perceber desde que se tornou de má-fé (arts. 1.214 e 1.216).

Seção II
Das Obrigações de Dar Coisa Incerta

TEXTO DO CÓDIGO CIVIL DE 2002:

Art. 243. A coisa incerta será indicada, ao menos, pelo gênero e pela quantidade.

TEXTO COMENTADO POR CAIO MÁRIO:
Idêntico ao do Código Civil.

Fontes: Código de 1916, art. 874; Projeto de Código de Obrigações de 1965, art. 99; Projeto de 1975, art. 241.

COMENTÁRIO

1. Certa se diz a coisa individuada pelo gênero, qualidade e quantidade: identificada por suas características que a distinguem de qualquer outra. O devedor não o pode ser de coisa absolutamente indeterminada, já que a determinabilidade é um dos elementos da obrigação.

Ao aludir à obrigação de dar coisa incerta, o Código exige um mínimo de caracterização. Este mínimo há de consistir na indicação do gênero e da quantidade. Na linguagem jurídica, "gênero" significa um conjunto de seres semelhantes (CLÓVIS BEVILÁQUA). Tal como a coisa individuada – *certum corpus* –, a coisa incerta (indeterminada relativamente) pode ser objeto de obrigação. Mas, se faltar a indicação do gênero e a menção da quantidade, não se constitui a obrigação, por falta de objetividade.

2. A indeterminação do objeto há de ser relativa e transitória. O devedor não pode ser compelido a prestação genérica. Até o momento da execução, a obrigação de gênero deverá converter-se em entrega de coisa certa.

3. Não se confunde obrigação de dar coisa incerta, com obrigação alternativa. A primeira é obrigação de gênero. Alternativa (arts. 252 e seguintes) é a que versa mais de uma coisa individuada, liberando-se o devedor mediante a prestação de uma delas.

TEXTO DO CÓDIGO CIVIL DE 2002:

Art. 244. Nas coisas determinadas pelo gênero e pela quantidade, a escolha pertence ao devedor, se o contrário não resultar do título da obrigação; mas não poderá dar a coisa pior, nem será obrigado a prestar a melhor.

TEXTO COMENTADO POR CAIO MÁRIO:

Idêntico ao do Código Civil.

Fontes: Código de 1916, art. 875; Projeto de Código de Obrigações de 1965, art. 100; Projeto de 1975, art. 242.

COMENTÁRIO

O estado de indeterminação cessa com a escolha. Como a individualização é que caracteriza o objeto, e sendo o devedor sujeito à prestação, o Código lhe defere a faculdade de escolher, dentre os do mesmo gênero, aquela a ser entregue, na quantidade estabelecida. O título estabelece a quem compete a escolha. Também esta poderá resultar das circunstâncias que envolvem a obrigação. No silêncio do primeiro, e na falta de indicação oriunda das outras, cabe ao devedor fazê-la.

Em qualquer hipótese, salvo estipulação expressa, a prestação versará objeto que não será o pior nem o melhor dentre as coisas de seu gênero. O título poderia especificar um ou outro. No seu silêncio, presume-se que as partes tiveram em vista coisas que se situem no meio termo.

TEXTO DO CÓDIGO CIVIL DE 2002:

Art. 245. Cientificado da escolha o credor, vigorará o disposto na Seção antecedente.

TEXTO COMENTADO POR CAIO MÁRIO:

Idêntico ao do Código Civil.

Fontes: Código de 1916, art. 876; Projeto de Código de Obrigações de 1965, art. 101; Projeto de 1975, art. 243.

COMENTÁRIO

Até o momento da escolha, a prestação é indeterminada. Feita ela, converte-se em obrigação de dar coisa certa, e, portanto, rege-se pelos princípios atinentes a esta.

O momento da escolha pode constar do título. Ou será concretizada simultaneamente à execução, com a respectiva entrega.

Na falta de outra indicação, o credor deverá ser notificado da escolha, por via judicial ou extrajudicial. Mas deve estar positivada de maneira inequívoca, porque é a partir de então que a obrigação de gênero se torna de corpo certo. Modalidade correta consiste na oferta ao credor, porém concreta e efetiva, e não puramente simbólica.

TEXTO DO CÓDIGO CIVIL DE 2002:

Art. 246. Antes da escolha, não poderá o devedor alegar perda ou deterioração da coisa, ainda que por força maior ou caso fortuito.

TEXTO COMENTADO POR CAIO MÁRIO:

"Artigo 244. Antes da escolha, não poderá o devedor alegar perda ou deterioração da coisa, ainda que por força maior, ou caso fortuito, salvo se se tratar de dívida genérica restrita."

Fontes: Código de 1916, art. 877; Projeto de Código de Obrigações de 1965, art. 101; Projeto de 1975, art. 244.

NOTA DOS ATUALIZADORES:

À diferença do Projeto, objeto dos comentários de Caio Mário, o dispositivo legal não aborda de maneira expressa as obrigações que recaem sobre coisa genérica de existência restrita.

COMENTÁRIO

1. A teoria dos riscos na obrigação de dar coisa incerta compreende duas fases distintas. Até que se efetive a escolha, pela notificação ou pela oferta, a obrigação é de gênero, e não versa objeto individuado. Indicada a coisa apenas pelo gênero, não comporta as escusas de perecimento ou deterioração, pois que o devedor tem de prestar uma coisa, dentro do gênero mencionado. E, conforme já vem do ensino secular, o gênero nunca perece: *genus nunquam perit*. Nem por força maior, nem pelo fortuito.

A obrigação subsiste, enquanto houver possibilidade de ser encontrado exemplar da *res debita*, na quantidade estipulada. Só por exceção desapareceria todo o gênero. Daí ter o Código atual, aditando regra ao modelo de 1916, admitido a alegação de perda ou deterioração, se o objeto versar gênero restrito, tornando-se inviável e inexequível por falta de coisas da espécie componente do gênero devido.

2. Uma vez efetuada a escolha, e só a partir de então, surge obrigação de dar coisa certa. Neste caso, cabem as escusas de perda ou deterioração. Mas esta somente é aceitável, se se determina que a perda ou deterioração ocorreu após a escolha.

Capítulo II
DAS OBRIGAÇÕES DE FAZER

TEXTO DO CÓDIGO CIVIL DE 2002:

Art. 247. Incorre na obrigação de indenizar perdas e danos o devedor que recusar a prestação a ele só imposta, ou só por ele exeqüível.

TEXTO COMENTADO POR CAIO MÁRIO:

Idêntico ao do Código Civil.

Fontes: Código de 1916, art. 880; Projeto de Código de Obrigações, art. 103; Projeto de 1975, art. 245.

NOTA DOS ATUALIZADORES:

À época da redação dos comentários, encontrava-se em vigor o Código de Processo Civil de 1973 que, em sua redação original, previa, no art. 287, a possibilidade de imposição de pena pecuniária voltada a estimular o devedor a cumprir a sentença que o condenasse a adimplir determinada prestação. No regime atual, há diversos dispositivos do Código de Processo Civil que permitem a imposição de medidas coercitivas voltadas a proporcionar o cumprimento das obrigações de fazer ou não fazer. A título ilustrativo, citem-se os arts. 497, 536 e 814.

COMENTÁRIO

1. A outra modalidade de obrigação positiva é a de fazer, que se concretiza genericamente por um ato do devedor. A prestação varia ao extremo, desde uma ação material até a declaração de vontade na celebração de contrato complexo (SAVIGNY).

Tendo em vista a natureza da prestação, pode esta consistir num ato que somente o devedor pode praticar, quando a obrigação é contraída em razão da pessoa dele – *intuitu personae debitoris*–, e neste caso ela se diz "personalíssima". Reversamente, pode ter por objeto o próprio ato, independentemente da pessoa, e, neste caso, poderá ser executada por outrem. No primeiro caso, o credor tem o direito de exigi-la do próprio devedor e não é obrigado aceitá-la de pessoa diversa. É o que se denomina obrigação de prestação infungível, transpondo-se a ideia de fungibilidade, que é própria das coisas, para o plano obrigacional. A regra é a fungibilidade da prestação, e a infungibilidade a exceção, que ocorre quando o título a estabeleça, ou se induza das circunstâncias (OROZIMBO NONATO).

2. Diversamente da obrigação de dar, cujo objeto é a entrega de uma coisa (e é visto que ela se distingue da *obligatio faciendi*), na de fazer a prestação há de consistir num ato do devedor. Esta diferenciação é relevante na dogmática respectiva, que o Código Civil desenvolve em três artigos apenas.

3. O art. 247 parte do princípio do respeito à liberdade humana, que ao elaborar o Projeto de Código de Obrigações de 1965 enunciei, estabelecendo que a obrigação de fazer ou de não fazer é inexigível se contraída com cerceamento abusivo da liberdade. Desprezando embora a norma genérica, o Código conserva a sua consequência, repetindo simplesmente o modelo de 1916.

O devedor tem a seu cargo a prestação, e, obviamente, cabe-lhe executá-la. Diversamente do que se dá com a *obligatio dandi*, que em princípio comporta execução específica, o credor não pode impor ao *reus debendi* a prestação de fato, sem prejuízo do respeito à sua personalidade. Se a obrigação for personalíssima, converte-se a recusa na composição das perdas e danos. Não sendo lícito ao credor obter um comando judicial impositivo, pois que ninguém pode ser compelido à prática de um ato especificamente – *nemo ad factum precise cogi potest*, e não se comprazendo a ordem jurídica com o descumprimento voluntário da obrigação, o artigo estabelece a transformação da prestação no ressarcimento do prejuízo - *id quod interest* -, sobre que passa a incidir o dever prestar. Ressarcimento, para ser completo, obedecerá ao disposto no art. 402.

4. Se a obrigação puder ser cumprida por outrem, aplica-se o art. 249.

5. Observa-se que não reconhece o art. 247, na recusa do devedor, a criação de uma obrigação alternativa (TITO FULGÊNCIO). Não fica ele com a faculdade de cumprir, ou recusar. Ele deve a prestação, em espécie. Sua recusa gera a indenização. Para assegurá-la, o direito francês criou a figura da "*astreinte*", com a imposição de multa rotativa, de que somente se livrará com a execução do obrigado. Nosso direito admite, em certos casos, a ação com pedido cominatório(Código de Processo Civil de 1973, art. 287), com a condenação de pena pecuniária ao devedor inadimplente, para o caso de descumprimento da sentença.

TEXTO DO CÓDIGO CIVIL DE 2002:

Art. 248. Se a prestação do fato tornar-se impossível sem culpa do devedor, resolver-se-á a obrigação; se por culpa dele, responderá por perdas e danos.

TEXTO COMENTADO POR CAIO MÁRIO:
Idêntico ao do Código Civil.
Fontes: Código de 1916, art. 879; Projeto de 1975, art. 246.

COMENTÁRIO

Regra é que ninguém pode ser compelido a praticar o impossível - *ad impossibilia nemo tenetur*. Se a obrigação de fazer se impossibilita, sem culpa do devedor, fica este liberado. A obrigação se resolve, pura e simplesmente, como aliás ocorre com qualquer outra obrigação. Responderá ele, entretanto, por perdas e danos, se a impossibilidade provier de culpa sua.

Texto do Código Civil de 2002:

Art. 249. Se o fato puder ser executado por terceiro, será livre ao credor mandá-lo executar à custa do devedor, havendo recusa ou mora deste, sem prejuízo da indenização cabível.

Parágrafo único. Em caso de urgência, pode o credor, independentemente de autorização judicial, executar ou mandar executar o fato, sendo depois ressarcido.

Texto comentado por Caio Mário:

Idêntico ao do Código Civil.

Fontes: Código de 1916, art. 881; Projeto de Código de Obrigações de 1965, art. 105; Projeto de 1975, art. 247.

Nota dos Atualizadores:

No regime atual, as obrigações de prestar declaração de vontade são disciplinadas tanto pelo Código Civil, como pelo Código de Processo Civil. No Código Civil, os arts. 463 e 464 se ocupam do tema, ao tratar do contrato preliminar. No Código de Processo Civil, o cumprimento dessas obrigações é regido pelo art. 501.

COMENTÁRIO

1. Não sendo a obrigação personalíssima, o credor tem direito ao fato em si, independentemente da pessoa do devedor. Face à recusa deste, ou demora na execução do obrigado, fica com a liberdade de dar como resolvida a obrigação, ou executar o fato, por si mesmo ou por terceiro.

Na vigência do art. 881 do Código Civil de 1916, dúvida foi levantada se era lícito ao credor proceder por si mesmo, ou se a disposição legal lhe abria as portas da justiça para obter uma sentença, autorizando-o a proceder assim. E a doutrina fixou-se neste sentido, baseada em que ninguém pode fazer justiça com as suas próprias mãos (ver minhas *Instituições de Direito Civil*, Vol. II, nº 135). O Novo Código, repetindo o preceito, poderia afastar toda polêmica, adotando a redação do art. 105 do Projeto de Código de Obrigações de 1965, segundo o qual "*pode o credor ser autorizado por sentença a executar a prestação às expensas do devedor*". É, porém, certo que, na recusa do devedor, a prestação do fato ou o desfazimento do ato somente podem ser obtidos pela via judicial.

2. O parágrafo único, que vem transposto do mesmo artigo 105 do Projeto de Código de Obrigações de 1965, confirma a interpretação do *caput* do artigo, no sentido de que a expressão "*será livre ao credor*" tem a acepção de assegurar-lhe um direito de ação. Somente em caso de urgência, quando não houver tempo de obter a sentença sem prejuízo manifesto, é que o credor procede *ex propria auctoritate*, e promove a execução do fato por si mesmo ou por terceiro. Assim procedendo, fica-lhe, contudo, reservado o direito de pleitear o ressarcimento dos prejuízos, ulteriormente.

3. O Código não cogita da hipótese de consistir a obrigação em uma declaração de vontade. A doutrina brasileira, convertida em preceituação legal, vigora no sentido de que o credor pode pedir ao juiz que condene o devedor a emiti-la, sendo a recusa suprida pela sentença. O princípio penetrou em nosso direito com o art. 1.006 do Código de Processo Civil de 1939, e subsiste no de 1973, nos arts. 639 e 641.

Capítulo III
DAS OBRIGAÇÕES DE NÃO FAZER

Texto do Código Civil de 2002:

Art. 250. Extingue-se a obrigação de não fazer, desde que, sem culpa do devedor, se lhe torne impossível abster-se do ato, que se obrigou a não praticar.

Texto comentado por Caio Mário:

Idêntico ao do Código Civil.

Fontes: Código de 1916, art. 882; Projeto de Código de Obrigações de 1965, art. 106; Projeto de 1975, art. 248.

Nota dos Atualizadores:

No regime atual, há diversos dispositivos do Código de Processo Civil que permitem a imposição de medidas coercitivas voltadas a proporcionar o cumprimento das obrigações de fazer ou não fazer. A título ilustrativo, citem-se os arts. 497, 536 e 814.

COMENTÁRIO

1. A obrigação de não fazer é a negativa típica. O devedor obriga-se a uma abstenção. A sua prestação consiste em omitir um dado comportamento, mediante uma contraprestação ou independentemente dela. O cumprimento da obrigação negativa é menos aparente, porque reside na omissão. Nem por isso é de se olvidar que a prestação assenta numa conduta humana. O inadimplemento caracteriza-se com a prática daquilo de que devia abster-se.

Não há incompatibilidade entre a prestação negativa e o limite temporal. A obstrução pode ser permanente, ou por tempo certo. Neste último caso, o devedor recupera a liberdade de agir, ao ser atingido o termo.

2. Se, por força maior ou fortuito, o devedor tiver de praticar o ato que era objeto do *non facere*, a obrigação fica extinta, sem perdas e danos. Ao revés, se, podendo omitir-se, praticou o ato ou realizou o fato, deve indenizar o credor.

3. Não altera estas consequências a circunstância de ter a obrigação negativa caráter autônomo, ou vir adjeta a outra obrigação, ou ser acessória de outro direito real ou de crédito.

TEXTO DO CÓDIGO CIVIL DE 2002:

Art. 251. Praticado pelo devedor o ato, a cuja abstenção se obrigara, o credor pode exigir dele que o desfaça, sob pena *de se desfazer à sua custa, ressarcindo o culpado perdas e danos.*

Parágrafo único. Em caso de urgência, poderá o credor desfazer ou mandar desfazer, independentemente de autorização judicial, sem prejuízo do ressarcimento devido.

TEXTO COMENTADO POR CAIO MÁRIO:

Idêntico ao do Código Civil.

Fontes: Código de 1916, art. 883; Projeto de Código de Obrigações de 1965, art. 106; Projeto de 1975, art. 249.

NOTA DOS ATUALIZADORES:

No regime atual, há diversos dispositivos do Código de Processo Civil que permitem a imposição de medidas coercitivas voltadas a proporcionar o cumprimento das obrigações de fazer ou não fazer. A título ilustrativo, citem-se os arts. 497, 536 e 814.

COMENTÁRIO

1. Em simetria com o disposto no art. 249 quanto à obrigação de fazer, o Código assegura ao credor da obrigação negativa a via judiciária, para obter sentença que imponha ao devedor o desfazimento daquilo a cuja abstenção se obrigara, ou a autorização para que desfaça por si ou por outrem, às expensas do devedor.

Somente havendo urgência manifesta é livre ao credor proceder ao desfazimento sem a precedente autorização judicial.

2. Em qualquer caso, o devedor inadimplente é sujeito a ressarcir ao credor as perdas e danos.

3. Obviando o inconveniente de se converter a obrigação de não fazer em alienação da liberdade ou abdicação de faculdades legais, afirma-se que é inexigível quando implique cerceamento abusivo da liberdade, tal como fiz consignar no Projeto de Código de Obrigações de 1965, art. 107.

Capítulo IV
DAS OBRIGAÇÕES ALTERNATIVAS

TEXTO DO CÓDIGO CIVIL DE 2002:

Art. 252. Nas obrigações alternativas, a escolha cabe ao devedor, se outra coisa não se estipulou.

§1º Não pode o devedor obrigar o credor a receber parte em uma prestação e parte em outra.

§2º Quando a obrigação for de prestações periódicas, a faculdade de opção poderá ser exercida em cada período.

§3º No caso de pluralidade de optantes, não havendo acordo unânime entre eles, decidirá o juiz, findo o prazo por este assinado para a deliberação.

§4º Se o título deferir a opção a terceiro, e este não quiser, ou não puder exercê-la, caberá ao juiz a escolha se não houver acordo entre as *partes*.

TEXTO COMENTADO POR CAIO MÁRIO:
Idêntico ao do Código Civil.

Fontes: Código de 1916, art. 884; Projeto de Código de Obrigações de 1965, arts. 108 e 109; Projeto de 1975, art. 250.

COMENTÁRIO

1. Os artigos 233 a 251 disciplinam as modalidades das obrigações, consideradas em relação ao objeto (de dar, de fazer, de não fazer). Os artigos 252 a 256 cuidam das que se classificam quanto a elementos não fundamentais, tratando das alternativas.

Alternativa é modalidade típica de obrigação *indeterminada.* Nela existe unidade de vínculo e pluralidade de prestações. Mas distingue-se da obrigação *cumulativa*, em que, nesta, o devedor está sujeito a prestar todas as coisas. Na alternativa, ao revés, libera-se mediante a prestação de uma delas. Na conformidade do conceito clássico, diz-se que há diversas coisas como objeto da obrigação, mas uma somente na solução: *plures res sunt in obligatione, una autem in solutione.* No objeto da obrigação a referência a "coisas" (*res*) é genérica, abrangendo qualquer modalidade de prestação, positiva quanto negativa.

2. Como em todas as obrigações, a indeterminação não pode ser absoluta, nem perpétua. Cessa pela *concentração*, que se efetiva pela *escolha*. Esta, genericamente, pode caber ao devedor ou ao credor. O título decidirá. Também pode decorrer das circunstâncias, porém inequivocamente. Se se não estipulou diversamente, a escolha compete ao devedor, uma vez que a imprecisão a este deve favorecer: *ambiguitas contra stipulatorem est.*

É, porém, da natureza da obrigação alternativa que a prestação incida em uma das coisas que se acham *in obligatione*. Daí estabelecer o parágrafo primeiro que, mesmo cabendo a faculdade de opção ao devedor, não pode ele compelir o credor a receber parte em uma prestação e parte em outra. Reversamente, se a escolha competir ao credor, somente pode impor ao devedor a solução concentrando-a em uma das coisas.

3. Uma vez feita a escolha, é definitiva. A obrigação considera-se como se fosse pura e simples (ENNECCERUS, BARASSI), salvo se as partes houverem pactuado a retratação – *pactum de variatione*. Sendo, entretanto, a obrigação de prestações periódicas (como se estabeleceu no Projeto de Código de Obrigações de 1965, art. 108), devolve-se o direito de escolha para cada período (ano, semestre, mês, etc.).

4. Ocorrendo a pluralidade subjetiva, cabendo a vários credores ou vários devedores o direito de escolha, esta deve ser feita por unanimidade. Não chegando a acordo, a outra parte requererá lhes seja assinado prazo, findo o qual, sem uma definição, o juiz decidirá.

Ao juiz, igualmente, é deferida a opção, se as partes houverem estipulado que a escolha cabe a um terceiro, e este não puder ou não quiser, desenganadamente, assumir o encargo.

5. Não existe requisito formal para a escolha. Pode ela ser feita mediante comunicação escrita ou notificação judicial, ou até pela simples entrega de uma das coisas, se competir ao devedor. Também, na falta de estipulação em contrário, a opção poderá ocorrer simultaneamente à execução.

6. A obrigação alternativa distingue-se da *condicional*, em que esta se acha na dependência de um acontecimento futuro e incerto, enquanto que na alternativa o objeto é sempre certo, ficando a solução apenas dependente da escolha.

7. Distingue-se, ainda, da obrigação facultativa. Nesta, ao contrário da obrigação alternativa, existe uma só coisa como objeto da obrigação, liberando-se, contudo, o devedor mediante a entrega de coisa diversa: *una res in obligatione, plures autem in facultate solutionis*. A obrigação facultativa, pelo fato de compreender mais de uma coisa facultada ao devedor, para a solução, denomina-se, também, "*obrigação com faculdade alternativa*". Embora ocorrente na prática, o Código se lhe não refere, relegando para a doutrina esclarecer-lhe os lineamentos e os efeitos. À diferença da obrigação alternativa, a principal particularidade da obrigação facultativa é que a inexequibilidade do objeto único devido, sem culpa do devedor, extingue a obrigação. Se por culpa sua, pode oferecer a outra coisa, facultativa, livrando-se das perdas e danos. Mas, sendo a faculdade deferida ao devedor, em nenhuma hipótese pode o credor exigir a coisa que se acha *in facultate solutionis*.

TEXTO DO CÓDIGO CIVIL DE 2002:

Art. 253. Se uma das duas prestações não puder ser objeto de obrigação ou se tornada inexeqüível, subsistirá o débito quanto à outra.

TEXTO COMENTADO POR CAIO MÁRIO:

Idêntico ao do Código Civil.

Fontes: Código de 1916, art. 885; Projeto de Código de Obrigações, art. 111; Projeto de 1975, art. 251.

COMENTÁRIO

1. Cogita o artigo da impossibilidade originária ou superveniente. Em qualquer dos casos, a obrigação é pura e simples, ou assim se torna. Não há cogitar de escolha porque esta já se encontra realizada.

Duas observações sugere o princípio. A primeira é quanto à inexequibilidade. Se a escolha for do credor e uma das prestações se impossibilita por culpa do devedor, caso é de se aplicar o art. 255. A segunda diz respeito à impossibilidade jurídica: se uma das coisas não pode ser objeto de obrigação, por iliceidade do objeto, anula-se a obrigação (CLÓVIS BEVILÁQUA), uma vez que o atentado contra a ordem jurídica reside na própria alternatividade.

2. A hipótese de serem mais de duas as coisas não altera a aplicação do princípio.

TEXTO DO CÓDIGO CIVIL DE 2002:

Art. 254. Se, por culpa do devedor, não se puder cumprir nenhuma das prestações, não competindo ao credor a escolha, ficará aquele obrigado a pagar o valor da que por último se impossibilitou, mais as perdas e danos que o caso determinar.

TEXTO COMENTADO POR CAIO MÁRIO:

Idêntico ao do Código Civil.

Fontes: Código de 1916, art. 886; Projeto de Código de Obrigações de 1965, art. 115; Projeto de 1975, art. 252.

COMENTÁRIO

1. A teoria dos riscos na obrigação alternativa é informada pela dupla circunstância da pluralidade de objetos, e da faculdade de opção caber ao devedor ou ao credor.

Regra básica é que, se apenas uma das prestações se tornar inexequível, sem culpa, opera-se a concentração automaticamente, e o devedor deve prestar a que subsistiu.

Se, porém, a escolha competir ao devedor, e por sua culpa todas as prestações se impossibilitarem, a obrigação se concentra na que por último pereceu, cabendo a ele devedor pagar o seu valor, mais as perdas e danos. Razão de pura lógica. Se todas perecessem, menos uma, e a escolha cabe ao devedor, é como se este operasse a concentração nela. E vindo a se impossibilitar por culpa sua, o devedor está sujeito a pagar o seu valor mais perdas e danos, como se fosse ela pura e simples.

2. Se a escolha competir ao devedor, e a impossibilidade dever-se a culpa do credor, libera-se aquele, equivalendo a inexequibilidade culposa à incidência da opção sobre a prestação que pereceu.

Texto do Código Civil de 2002:

Art. 255. Quando a escolha couber ao credor e uma das prestações tornar-se impossível por culpa do devedor, o credor terá direito de exigir a prestação subsistente ou o valor da outra, com perdas e danos; se, por culpa do devedor, ambas as prestações se tornarem inexeqüíveis, poderá o credor reclamar o valor de qualquer das duas, além da indenização por perdas e danos.

Texto comentado por Caio Mário:
Idêntico ao do Código Civil.

Fontes: Código de 1916, art. 887; Projeto de Código de Obrigações de 1965, art. 115; Projeto de 1975, art. 253.

COMENTÁRIO

1. A culpa do devedor priva o credor da escolha, cabendo-lhe contentar-se com a remanescente ou exigir o valor da que pereceu, incorrendo ainda o devedor culpado nas perdas e danos.

Se todas se impossibilitarem, por culpa do devedor, tem o credor a faculdade de reclamar o valor de qualquer delas, como já o tinha, antes da inexequibilidade, de exigir a que lhe aprouvesse. E as perdas e danos sancionam o procedimento culposo do devedor.

2. A referência a duas coisas é meramente esquemática. O princípio aplica-se, *mutatis mutandis*, ao caso de serem mais de duas as coisas *in obligatione*.

3. Se a escolha é do credor, e todas se impossibilitarem por culpa sua, o devedor pode reclamar o valor da última; mas se se tornarem simultaneamente inexequíveis, o devedor escolhe o valor de qualquer delas, pois uma lhe restaria. Em qualquer dos casos, tem ainda o direito de ser indenizado das perdas e danos.

TEXTO DO CÓDIGO CIVIL DE 2002:

Art. 256. Se todas as prestações se tornarem impossíveis sem culpa do devedor, extinguir-se-á a obrigação.

TEXTO COMENTADO POR CAIO MÁRIO:
Idêntico ao do Código Civil.
Fontes: Código de 1916, art. 888; Projeto de 1975, art. 254.

1. O artigo 256 consagrou um truísmo, tal como fizera o art. 888 do Código Civil de 1916. Se todas as prestações se tornam inexequíveis sucessivamente, concentra-se a obrigação na última. Perecendo esta, extingue-se a obrigação. Desde que não intercorra culpa de qualquer das partes, extingue-se o vínculo. O mesmo ocorre, se a impossibilidade ocorrer simultaneamente.

2. Costuma-se ressalvar a hipótese de mora de uma das partes. Sem razão, porém, porque nela já é ínsita a própria culpa, respondendo o moroso pelos riscos da coisa, ainda no caso de força maior ou caso fortuito.

Capítulo V
DAS OBRIGAÇÕES DIVISÍVEIS E INDIVISÍVEIS

TEXTO DO CÓDIGO CIVIL DE 2002:

Art. 257. Havendo mais de um devedor ou mais de um credor em obrigação divisível, esta presume-se dividida em tantas obrigações, iguais e distintas, quantos os credores ou devedores.

Texto comentado por Caio Mário:
Idêntico ao do Código Civil.

Fontes: Código de 1916, art. 890; Projeto de Código de Obrigações de 1965, art. 116; Projeto de 1975, art. 255.

COMENTÁRIO

1. Quanto ao objeto, as obrigações podem ser divisíveis ou indivisíveis, porém em atenção aos sujeitos, já que o interesse desta classificação somente se manifesta quando ocorre a pluralidade subjetiva (CLÓVIS BEVILÁQUA, HUDELOT et METMANN). Em linhas gerais, são divisíveis as obrigações suscetíveis de cumprimento fracionado, e indivisíveis as que somente podem cumprir-se na sua integralidade. Em verdade, o que é divisível ou indivisível é a prestação (TITO FULGÊNCIO), transpondo-se o conceito para a obrigação, por mera metonímia.

O Código, conservando a mesma dogmática do de 1916, estabeleceu critérios simples, ao contrário do francês e de outros que o seguiram, que foi extremamente perturbado pela obra de DUMOULIN (*Extricatio labyrinthi divisi et indivisi*).

Toda a sistemática legal parte de uma distinção básica entre indivisibilidade material e indivisibilidade jurídica. Materialmente, todo corpo é divisível. O que interessa ao direito é a projeção econômica do parcelamento. Uma coisa, materialmente divisível, pode ser juridicamente indivisível, quando o parcelamento da prestação resulte em frações que não preenchem sua finalidade natural e sua destinação econômica (art. 258).

2. Quando há um só credor e um só devedor, é irrelevante indagar se o objeto é ou não divisível, porque impera o princípio da unidade da prestação. O credor não é obrigado a receber por partes, nem o devedor a pagar por partes, salvo convenção em contrário. Na pluralidade subjetiva é que ocorre o interesse. E vigora o princípio: sendo divisível a obrigação ela se fraciona em tantas obrigações, iguais e distintas, quantos forem os credores ou devedores. Cada um dos devedores paga ao credor a sua quota parte; cada um dos credores recebe do devedor a fração que lhe corresponde: *concursu partes fiunt*. Consequentemente, o devedor que paga a sua quota fica liberado. Consequência, ainda, é que cada devedor tem o direito de oferecer e de consignar a sua parte na dívida, não podendo o credor recusar.

Exceções a esta regra são duas. A primeira reside na convenção: se se estipulou que o pagamento é integral, assim se fará, ainda que divisível a prestação. A segunda, é na solidariedade, submetida a princípios que lhe são próprios (arts. 264 a 285).

Sendo indivisível a obrigação, o credor tem direito à prestação por inteiro, com a faculdade de demandar por ela qualquer um dos devedores. Isto porque a própria coisa sendo insuscetível de parcelamento, na obrigação indivisível cada devedor deve tudo pela necessidade de se manter íntegro o objeto: *in obligatione individua, totum debetur ex necessitate, sed non totaliter.*

Esta regra prevalece assim no caso da indivisibilidade decorrente da lei ou da natureza do objeto, quanto naquele em que for estipulada a indivisibilidade (indivisibilidade convencional).

3. Sendo divisível a obrigação, cada credor pode interromper a prescrição em relação à sua parte, não beneficiando com isto os cocredores. Sendo indivisível, favorece a todos. Reversamente, na obrigação divisível, interrompida quanto a um dos devedores, não prejudica os demais. Sendo indivisível, atinge os codevedores, porque o credor não perde a faculdade de receber por inteiro (DE PAGE).

4. Mesmo sendo indivisível, se a obrigação se converter nas perdas e danos converte-se em divisível, porque esta é a natureza da prestação pecuniária.

TEXTO DO CÓDIGO CIVIL DE 2002:

Art. 258. A obrigação é indivisível quando a prestação tem por objeto uma coisa ou um fato não suscetíveis de divisão, por sua natureza, por motivo de ordem econômica, ou dada a razão determinante do negócio jurídico.

TEXTO COMENTADO POR CAIO MÁRIO:

Idêntico ao do Código Civil.

Fontes: Projeto de 1975, art. 256.

COMENTÁRIO

1. O artigo acha-se mal situado. Contendo a noção de indivisibilidade, deveria abrir o Capítulo. Além disso, é simplesmente doutrinária, e não é de boa técnica legislativa que o Código ofereça definições, salvo naqueles casos em que há necessidade de afirmar uma posição. Não se trata disso, uma vez que os conceitos, aqui, são bem extremados.

2. A indivisibilidade pode versar uma coisa, diz o Código. Alude à obrigação de dar, que,via de regra, é divisível: uma quantia em dinheiro, um conjunto de unidades autônomas. Pode ser materialmente indivisível, se a *res debita* é corpo certo e determinado por características individuais. A obrigação de dar é indivisível, quando o seu fracionamento gera deterioração ou perda de substância econômica, ou quando as frações perdem as características essenciais do todo, ou, ainda, quando estipulada a indivisibilidade. A obrigação de restituir é, de regra, indivisível, não sendo o credor obrigado a receber *pro parte* o que lhe pertence por inteiro, salvo consentimento seu.

A obrigação de fazer será divisível, quando comportar a prestação do fato por partes, e indivisível se o não tolerar. A de não fazer é, via de regra, indivisível (TITO FULGÊNCIO), pois que o devedor, sendo obrigado a uma abstenção, deve-a por inteiro.

TEXTO DO CÓDIGO CIVIL DE 2002:

Art. 259. Se, havendo dois ou mais devedores, a prestação não for divisível, cada um será obrigado pela dívida toda.

Parágrafo único. O devedor, que paga a dívida, sub-roga-se no direito do credor em relação aos outros coobrigados.

TEXTO COMENTADO POR CAIO MÁRIO:

Idêntico ao do Código Civil.

Fontes: Código de 1916, art. 891; Projeto de Código de Obrigações de 1965, art. 117; Projeto de 1975, art. 257.

COMENTÁRIO

1. Este é um efeito direto da caracterização da obrigação indivisível. A indivisibilidade material, ou econômica, ou convencional não se compadece com o fracionamento do objeto. O devedor, não podendo solver *pro parte*, tem de pagar por inteiro, seja a obrigação de dar ou de fazer. A situação é análoga à solidariedade. Desta se distingue, entretanto. Na solidariedade o devedor deve tudo e por inteiro – *totum et totaliter* – por uma razão de ordem técnica. Na indivisibilidade, por um motivo de ordem material ou econômica: o credor, com direito à prestação na sua integralidade, pode demandar qualquer dos devedores para receber a prestação por inteiro.

2. Solvendo a obrigação, o devedor que era somente de uma parte, mas pagou por inteiro, sub-roga-se na qualidade creditória contra os codevedores. Cada um terá de reembolsá-lo do valor de sua quota-parte, em dinheiro.

3. No direito brasileiro não impera o princípio de favorecimento aos devedores, consistente numa notificação prévia a todos para que, em conjunto, façam a prestação da coisa indivisível. É um direito do credor o recebimento, podendo ele demandar qualquer dos obrigados pela coisa inteira.

Texto do Código Civil de 2002:

Art. 260. Se a pluralidade for dos credores, poderá cada um destes exigir a dívida inteira; mas o devedor ou devedores se desobrigarão, pagando:

I - a todos conjuntamente;

II - a um, dando este caução de ratificação dos outros credores.

Texto comentado por Caio Mário:

Idêntico ao do Código Civil.

Fontes: Código de 1916, art. 892; Projeto de Código de Obrigações de 1965, art. 118; Projeto de 1975, art. 258.

COMENTÁRIO

1. Efeito da indivisibilidade é o direito de qualquer dos credores receber a prestação por inteiro, seja o devedor um só, sejam vários. Mas, em favor dele, ou deles, o Código, sem negar aos credores a faculdade de haverem a *res debita* na sua integridade, e para proteção de quem deve, permite que a solução se faça a todos em conjunto, ou ao credor que prestar caução de ratificação dos demais. Sem isto, o devedor desobriga-se depositando a coisa devida, com citação de todos os credores. A recusa de um deles importa em que todos incorram em mora (ENNECCERUS).

2. Tem o mesmo efeito da caução o documento em que os demais credores investem o acipiente do poder de receber.

3. O meu projeto de Código de Obrigações de 1965 aditara às medidas defensivas mais uma: a da prevenção judicial. Solveria validamente o devedor que pagasse ao credor que reclamasse em juízo, livrando-o dos percalços da demanda, e reconhecendo ao credor postulante o direito à coisa. Os demais não seriam prejudicados, uma vez que sempre teriam contra aquele a faculdade de receberem a sua quota-parte, em dinheiro.

4. O pagamento fora das hipóteses previstas não desobriga o devedor solvente em relação aos demais credores.

Texto do Código Civil de 2002:

Art. 261. Se um só dos credores receber a prestação por inteiro, a cada um dos outros assistirá o direito de exigir dele em dinheiro a parte que lhe caiba no total.

Texto comentado por Caio Mário:
Idêntico ao do Código Civil.

Fontes: Código de 1916, art. 893; Projeto de Código de Obrigações de 1965, art. 119; Projeto de 1975, art. 259.

COMENTÁRIO

A disposição vige em simetria com a sub-rogação do devedor que paga, por inteiro, ao credor (art. 259, parágrafo único). Como o acipiente recebe por inteiro, não se pode locupletar em detrimento dos demais cocredores. Se ocorrer o pagamento a todos em conjunto, ou ao que prestar caução de ratificação, presume-se que num e noutro caso fiquem definidos os direitos de cada um. Tal não ocorrendo, o credor acipiente deve aos outros o valor, em dinheiro, da quota-parte de cada um.

Texto do Código Civil de 2002:

Art. 262. Se um dos credores remitir a dívida, a obrigação não ficará extinta para com os outros; mas estes só a poderão exigir, descontada a quota do credor remitente.

Parágrafo único. O mesmo critério se observará no caso de transação, novação, compensação ou confusão.

Texto comentado por Caio Mário:

Idêntico ao do Código Civil.

Fontes: Código de 1916, art. 894; Projeto de Código de Obrigações de 1965, art. 120; Projeto de 1975, art. 260.

COMENTÁRIO

A obrigação extingue-se, além do pagamento, pela remissão, novação, transação, compensação, confusão.

Em se tratando de obrigação divisível, na qual o direito dos credores é receber *pro parte*, qualquer das modalidades de extinção sem pagamento opera em prol do devedor, que paga aos demais, descontando a parte respectiva. Na obrigação indivisível, a obrigação não se extingue em relação aos demais credores. Mas estes somente poderão reclamar pagamento descontada a parte do que perdoou, ou em relação ao qual operou-se a liberação sem pagamento. Como a indivisibilidade do objeto não permite abatimento da coisa *in natura*, o desconto somente pode ser em dinheiro.

Texto do Código Civil de 2002:

Art. 263. Perde a qualidade de indivisível a obrigação que se resolver em perdas e danos.

§ 1º Se, para efeito do disposto neste artigo, houver culpa de todos os devedores, responderão todos por partes iguais.

§ 2º Se for de um só a culpa, ficarão exonerados os outros, respondendo só esse pelas perdas e danos.

Texto comentado por Caio Mário:

Idêntico ao do Código Civil.

Fontes: Código de 1916, art. 895; Projeto de Código de Obrigações de 1965, art. 261; Projeto de 1975, art. 261.

COMENTÁRIO

1. A conversão da obrigação em perdas e danos faz cessar a indivisibilidade, de efeitos sempre complexos e inconvenientes. Desaparecendo a sua causa, pelo fato de se resolver em dinheiro, a obrigação torna-se divisível.

Mas, tendo em vista que a conversão em perdas e danos pode resultar da culpa de um ou de todos, o tratamento varia. Se um só for o culpado, somente ele responde, em razão de princípio segundo o qual a pena atinge apenas o infrator:*unuscuique sua culpa nocet*. Se todos forem responsáveis, cada um deles deve a sua parte.

O Projeto de Código de Obrigações de 1965 adotava princípio de melhor justiça. Se a culpa é de todos, o credor se coloca em situação de inferioridade, tendo de demandar a cada qual a sua quota viril. Daí o art. 261 ter considerado que todos respondam solidariamente, substituindo-se a prestação indivisível por uma prestação solidária. O Código atual preferiu, no entanto, manter a regra de 1916, mais onerosa ao credor, e sujeitando-o a enfrentar a insolvência eventual de algum dos devedores.

2. Além da conversão em perdas e danos, pode cessar a indivisibilidade por outras causas, que variam segundo seja ela convencional, material ou jurídica.

A indivisibilidade que nasce da declaração de vontade pode terminar por força de uma convenção contrária. Se jurídica, ocorrendo uma causa que permita passar cada devedor a responder pela sua. A cessação da indivisibilidade material é mais rara, porém admissível.

Em qualquer dos casos, não mais sobrevive a indivisibilidade, que somente subsiste em função da natureza da prestação.

Capítulo VI
DAS OBRIGAÇÕES SOLIDÁRIAS

Seção I
Disposição Gerais

TEXTO DO CÓDIGO CIVIL DE 2002:

Art. 264. Há solidariedade, quando na mesma obrigação concorre mais de um credor, ou mais de um devedor, cada um com direito, ou obrigado, à dívida toda.

TEXTO COMENTADO POR CAIO MÁRIO:
Idêntico ao do Código Civil.

Fontes: Código de 1916, art. 896, parágrafo único; Projeto de Código de Obrigações de 1965, art. 122; Projeto de 1975, art. 262.

COMENTÁRIO

1. O Código atual seguiu a orientação do de 1916, dando uma definição de solidariedade. Nela podem-se salientar os elementos fundamentais.

A. Pluralidade subjetiva. Tal como ocorre com a obrigação indivisível, em que somente há interesse havendo mais de um credor ou mais de um devedor, na obrigação solidária há mister a concorrência de mais de um credor ou mais de um devedor. **B. Unidade objetiva**. Se cada um dos devedores estiver obrigado a uma prestação autônoma, ou cada credor tiver direito ao pagamento por partes, não há solidariedade. Esta somente ocorre quando, não obstante a pluralidade subjetiva, a prestação for devida por inteiro.

2. A Unidade objetiva, na obrigação solidária, difere da que se dá na indivisível. Nesta, em razão da natureza da própria *res debita*, que não pode ser cindida no momento da solução, por uma causa material ou jurídica. Na obrigação solidária, não obstante a natureza da prestação compatibilizar-se com o fracionamento, impera a unidade do objeto, por um motivo de ordem técnica. Assim é, porque assim a lei estabelece.

3. Não há cogitar da distinção entre solidariedade perfeita e solidariedade imperfeita, porque o código dela não se ocupou. A matéria é puramente teórica, e é objeto apenas de exposição doutrinária (cf. minhas *Instituições de Direito Civil*, vol. II, nº 140).

TEXTO DO CÓDIGO CIVIL DE 2002:

Art. 265. A solidariedade não se presume; resulta da lei ou da vontade das partes.

TEXTO COMENTADO POR CAIO MÁRIO:
Idêntico ao do Código Civil.

Fontes: Código de 1916, art. 896; Projeto de 1975, art. 263.

COMENTÁRIO

1. O Código atual manteve o critério adotado no seu modelo de 1916, cujo princípio repetiu. Entendeu, tal como se dizia em 1916, que, sendo a solidariedade uma exceção, somente é de prevalecer onde a lei ou a vontade a estabelece.

Segundo o que está dito, para que ocorra a solidariedade há mister uma disposição expressa (*solidariedade legal*) ou uma convenção explícita (*solidariedade convencional*). Não há lugar para o que os tribunais franceses e belgas mencionam como *solidariedade jurisprudencial*, que SERPA LOPES considera de aplicação entre nós.

A solidariedade convencional resultará de estipulação inequívoca, e é muito frequente, especialmente na vida mercantil. A solidariedade legal ocorre em inúmeras disposições contidas no Código Civil, nas leis comerciais, na legislação tributária, em ordenamentos administrativos.

2. O meu Projeto de Código de Obrigações de 1965, art. 130, desvencilhou-se deste preceito, seguindo orientação mais condizente com a vida moderna. Admitiu a solidariedade presumida, sempre que diversos devedores, em um só instrumento, se obrigam para com o mesmo credor, salvo se o contrário resultar da lei ou do contrato. Atendendo ao que normalmente acontece, na pluralidade de devedores, para com um credor, no mesmo instrumento, a regra seria a solidariedade, tal como prescreve o BGB (art. 427) e estabelece o Código Italiano de 1942, art. 1.294.

No Código atual, que unificou o Direito Obrigacional, não deveria vigorar a necessidade de ser pactuada a solidariedade passiva (PACCHIONI, BARASSI).

TEXTO DO CÓDIGO CIVIL DE 2002:

Art. 266. A obrigação solidária pode ser pura e simples para um dos co-credores ou co-devedores, e condicional, ou a prazo, ou pagável em lugar diferente, para o outro.

TEXTO COMENTADO POR CAIO MÁRIO:

Idêntico ao do Código Civil.

Fonte: Código de 1916, art. 897; projeto de Código de Obrigações de 1965, art. 123; Projeto de 1975, art. 264.

COMENTÁRIO

Embora contendo princípio da maior simplicidade, a disposição suscitou dúvidas no império do Código revogado, mas sem razão. O que caracteriza a solidariedade é a pluralidade subjetiva e unidade objetiva. As modalidades (condição e termo), como o lugar da *solutio* não alteram a sua natureza. São meramente acidentais. Se na mesma obrigação concorre mais de um devedor obrigado à dívida toda, é indiferente que um tenha de pagar desde logo e outro a prazo; ou que a prestação de um esteja subordinada a evento futuro e incerto, e outra não.

O novo Código acrescentou ao art. 897 do Código Civil de 1916 a hipótese de serem as prestações devidas em lugares diversos, como se consigna em meu Projeto de 1965. A razão é a mesma. O fato de ser exigível em lugares diferentes não repele a solidariedade, desde que subsistam a unidade objetiva e pluralidade subjetiva.

Seção II
Da Solidariedade Ativa

TEXTO DO CÓDIGO CIVIL DE 2002:

Art. 267. Cada um dos credores solidários tem direito a exigir do devedor o cumprimento da prestação por inteiro.

TEXTO COMENTADO POR CAIO MÁRIO:
Idêntico ao do Código Civil.
Fontes: Código de 1916, art. 898; Projeto de 1975, art. 265.

NOTA DOS ATUALIZADORES:
No comentário abaixo, Caio Mário faz referência ao art. 1º, § 5º, da Lei nº 6.649, de 16 de maio de 1979, que, à época da redação do texto, disciplinava a locação predial urbana. No regime em vigor, a mesma regra se encontra no art. 2º da Lei nº 8.245, de 18 de outubro de 1991.

COMENTÁRIO

1. O princípio é a consequência imediata do que vem expresso no art. 264. Se concorrem na mesma obrigação dois ou mais credores, cada um com direito à dívida toda, qualquer deles pode demandar o pagamento, todo e por inteiro – *totum et totaliter*. A isto se denomina *relação externa* da solidariedade, isto é, relação entre os credores e o devedor. As *relações internas* são as que se passam entre os cocredores entre si, por efeito do recebimento, ou das outras causas extintivas da obrigação.

2. O direito ao recebimento da prestação por inteiro é de todos os credores. Se, em razão da solidariedade, não prospera a cindibilidade da prestação – *beneficium divisionis* –, não é lícito a um credor receber uma parte da coisa devida, ainda que a título de sua quota-parte, que em verdade inexiste enquanto perdurar o vínculo solidário.

3. A solidariedade ativa é, de regra, convencional. Raros são os casos de vir da lei, como se dá na Lei nº 6649/1979, art. 1º, §5º, para os casos de pluralidade de locadores ou de locatários de um mesmo imóvel.

Texto do Código Civil de 2002:

Art. 268. Enquanto alguns dos credores solidários não demandarem o devedor comum, a qualquer daqueles poderá este pagar.

Texto comentado por Caio Mário:

Idêntico ao do Código Civil.

Fontes: Código de 1916, art. 899; Projeto de Código de Obrigações de 1965, art. 124; Projeto de 1975, art. 266.

Nota dos Atualizadores:

No comentário abaixo, Caio Mário emprega os conceitos de instauração da instância e de absolvição da instância, próprios ao Código de Processo Civil de 1939. De acordo com o art. 196 desse diploma legal, a instância tinha início com a citação válida. A absolvição da instância, por sua vez, disciplinada nos arts. 201 a 205, corresponde à extinção do processo sem julgamento do mérito. Conquanto esses dois conceitos não sejam utilizados pela processualística moderna, podem-se indicar, no Código de Processo Civil de 2015, *mutatis mutandis*, as regras correspondentes à instauração da instância, nos arts. 238 a 240, e à absolvição da instância, nos arts. 330 e 485.

COMENTÁRIO

1. O artigo estabelece a *prevenção judicial*: iniciada demanda por um dos credores solidários, o devedor somente pode pagar validamente a este. O dispositivo, falando em "demandar", exclui do mesmo efeito qualquer outra medida, mesmo judicial em procedimento cautelar, ou protesto. Antes de instaurada a instância, o devedor é livre de pagar a qualquer deles, cabendo-lhe, mesmo, a escolha de a quem oferecer ou efetuar o pagamento.

2. A razão do preceito é reconhecer preferência ao credor que tomou a iniciativa de perseguir a solução. Perduram os efeitos da *prevenção judicial* enquanto permanece vivo o procedimento. Anulado o processo, extinto por alguma causa que deixe incólume a obrigação, ou absolvido da instância o devedor demandado, restitui-se ao devedor o direito de pagar a qualquer dos credores.

TEXTO DO CÓDIGO CIVIL DE 2002:

Art. 269. O pagamento feito a um dos credores solidários extingue a dívida até o montante do que foi pago.

TEXTO COMENTADO POR CAIO MÁRIO:
Idêntico ao do Código Civil.
Fontes: Código de 1916, art. 900; Projeto de Código de Obrigações de 1965, art. 126; Projeto de 1975, art. 269.

COMENTÁRIO

1. Se o pagamento pode ser feito, e mesmo demandado, por qualquer dos credores solidários, a quitação, que der ao devedor, extingue a obrigação. Se houver pagamento parcial, presume-se no interesse de todos os credores, e, conseguintemente, opera a extinção da dívida até o montante do que foi pago. Exclui-se, entretanto, o recebimento como quota viril do credor acipiente, pois, esta, incompatível com a solidariedade.

2. O art. 900, parágrafo único, do Código de 1916 dirimia uma dúvida que imperava na doutrina e estendia o mesmo efeito do pagamento à remissão, novação e compensação. O Projeto de Código de Obrigações de

1965 mantinha a doutrina legal, aludindo à quitação, como forma genérica de liberação do devedor. Não pode, com efeito, medrar controvérsia. Sendo a remissão, a compensação e a novação modalidades extintivas do vínculo obrigacional, equiparáveis nos seus efeitos à solução da dívida, razão não existe para diversificação das consequências. Recebendo um credor a dívida, perdoando-a, ou ocorrendo novação ou compensação, o devedor é liberado. Destacando o art. 272 a remissão, não exclui as outras modalidades extintivas.

3. Sendo lícito ao credor receber, pode promover as medidas cautelares relativamente ao crédito, independentemente do comparecimento ou anuência dos demais. Se um dos credores solidários interrompe a prescrição contra o devedor comum, aproveita aos outros (art. 204, § 1º). O mesmo, entretanto, não se dá com as causas suspensivas, que são de ordem pessoal, não tendo efeito quanto aos demais credores, a não ser que a obrigação seja indivisível (art. 201).

Correlato à faculdade de receber a dívida é o direito de constituir o devedor em mora. Mas, por efeito da solidariedade, a medida beneficiará não apenas o que teve a iniciativa. Favorece a todos.

4. Se um dos credores é constituído em *mora accipiendi*, prejudica esta a todos os demais (LARENZ).

Texto do Código Civil de 2002:

Art. 270. Se um dos credores solidários falecer deixando herdeiros, cada um destes só terá direito a exigir e receber a quota do crédito que corresponder ao seu quinhão hereditário, salvo se a obrigação for indivisível.

Texto comentado por Caio Mário:

Idêntico ao do Código Civil.

Fontes: Código de 1916, art. 901; Projeto de Código de Obrigações de 1965, art. 128; Projeto de 1975, art. 268.

COMENTÁRIO

A solidariedade opera entre os credores e o devedor. Cada um daqueles tem direito à dívida por inteiro. Falecendo um deles, o direito ao recebimento transmite-se aos seus herdeiros na proporção dos quinhões. Não se diz que seria um caso de extinção da solidariedade. Esta novamente arrefece, porque subsiste quanto aos demais credores, somente deixando de operar em relação aos herdeiros do falecido. Mas é óbvio que eles, em conjunto, têm direito à prestação por inteiro, como a terá o herdeiro, se for único.

Sendo a obrigação indivisível, ocorrerá a solução da dívida integralmente, não em virtude da solidariedade, mas em razão de se não poder fracionar a prestação.

Texto do Código Civil de 2002:

Art. 271. Convertendo-se a prestação em perdas e danos, subsiste, para todos os efeitos, a solidariedade.

Texto comentado por Caio Mário:
Idêntico ao do Código Civil.

Fontes: Código de 1916, art. 902; Projeto de Código de Obrigações de 1965, art. 129; Projeto de 1975, art. 269.

COMENTÁRIO

A conversão da prestação em perdas e danos é consequência de fato imputável ao devedor. Sua situação, frente aos credores, não se altera. Devedor que era de uma prestação (de dar ou de fazer), devedor continua do objeto em que ela se sub-roga. Devem, então, o equivalente e mais o ressarcimento do prejuízo. Em favor de cada um dos credores correm os juros de mora, bem como a cláusula penal.

Texto do Código Civil de 2002:

Art. 272. O credor que tiver remitido a dívida ou recebido o pagamento responderá aos outros pela parte que lhes caiba.

Texto comentado por Caio Mário:
Idêntico ao do Código Civil.

Fontes: Código de 1916, art. 903; Projeto de 1975, art. 270.

COMENTÁRIO

1. O pagamento é uma forma de extinção da obrigação. Igualmente é a remissão da dívida. No primeiro, com satisfação do credor. No segundo, por liberalidade. Nas relações internas da solidariedade (relações dos credores entre si) o efeito é idêntico. O credor acipiente responde aos demais credores pela quota parte de cada um no valor da prestação, partilhando com eles o que tiver percebido, ou indenizando-os se houver simplesmente liberado o devedor, sem recebimento.

2. Como a obrigação se extingue, ainda, por transação, novação, compensação, confusão, se uma destas causas ocorrer entre o devedor e um dos credores solidários, responde ele, nas mesmas condições, para com os cocredores.

3. Não obstante a polêmica que impera a respeito, e sem embargo da omissão do Código, se o credor receber em pagamento coisa diversa da devida (*aliud pro alio*), é de se ampliar à dação em pagamento o mesmo efeito do recebimento, pelo credor, da prestação devida. A *datio in solution* é meio extintivo da obrigação, e opera como se fosse a solução da própria prestação. Extinta a dívida, o credor acipiente responde pela quota-parte de cada um.

TEXTO DO CÓDIGO CIVIL DE 2002:

Art. 273. A um dos credores solidários não pode o devedor opor as exceções pessoais oponíveis aos outros.

TEXTO COMENTADO POR CAIO MÁRIO:
Idêntico ao do Código Civil.
Fontes: Projeto de 1975, art. 271.

COMENTÁRIO

1. Demandado o devedor por qualquer dos credores, pode opor-lhe as exceções que são pessoais a ele. Neste caso, obtendo desta forma a extinção da obrigação, o credor demandante torna-se responsável perante os demais credores, na forma do artigo anterior. É, contudo, vedado ao devedor opor ao credor demandante qualquer exceção que diga respeito a um dos outros credores solidários.

2. O mesmo se não dirá das exceções oponíveis a todos (como seja a extinção da obrigação, ou prescrição da dívida). Poderá ele opô-las, e, reconhecido o seu efeito, nada deve aos cocredores.

Texto do Código Civil de 2002:

Art. 274. O julgamento contrário a um dos credores solidários não atinge os demais, mas o julgamento favorável aproveita-lhes, sem prejuízo de exceção pessoal que o devedor tenha direito de invocar em relação a qualquer deles.

Texto comentado por Caio Mário:

Art. 274. O julgamento contrário a um dos credores solidários não atinge os demais; o julgamento favorável aproveita-lhes, a menos que se funde em exceção pessoal ao credor que o obteve.

Fontes: Protejo de Código de Obrigações de 1965, art. 138; Projeto de 1975, art. 272.

Nota dos Atualizadores:

No comentário abaixo, Caio Mário refere-se à redação original do Projeto de Código Civil, acolhida na versão final, aprovada em 2002. O texto atualmente em vigor foi objeto de modificação, promovida pelo Código de Processo Civil de 2015.

COMENTÁRIO

1. Esta disposição não se continha no Código Civil de 1916. Foi transposta do meu Projeto de Código de Obrigações de 1965. É um efeito natural da solidariedade. Ferindo-se litígio entre um dos credores e o devedor comum, sofre ele as consequências da sentença, no caso desta lhe ser desfavorável, a não ser que a matéria do julgado diga respeito a todos, como a nulidade do contrato, prescrição da dívida.

2. Obtendo decisão favorável, seja no tocante à validade da própria dívida ou de seus acessórios, aproveita a todos, a menos que obtenha o credor, com fundamento em direito que seja pessoal, dele próprio, e não de todos.

Seção III
Da Solidariedade Passiva

TEXTO DO CÓDIGO CIVIL DE 2002:

Art. 275. O credor tem direito a exigir e receber de um ou de alguns dos devedores, parcial ou totalmente, a dívida comum; se o pagamento tiver sido parcial, todos os demais devedores continuam obrigados solidariamente pelo resto.

Parágrafo único. Não importará renúncia da solidariedade a propositura de ação pelo credor contra um ou alguns dos devedores.

TEXTO COMENTADO POR CAIO MÁRIO:

Idêntico ao do Código Civil.

Fontes: Código de 1916, art. 904; Projeto de Código de Obrigações de 1965, art. 131; Projeto de 1975, art. 273.

COMENTÁRIO

1. Ao contrário da solidariedade ativa, que é rara, a solidariedade passiva é frequentíssima na vida negocial, a tanto que, em alguns sistemas, vige a presunção de solidariedade nas dívidas comuns (BGB, art. 427) ou quando o contrário não resulta do título (Código Italiano de 1942, art. 1294). Assim consigna o meu Projeto de Código de Obrigações 1965, art. 130.

O Código Civil, ao desenvolver a dogmática da solidariedade passiva, cogita das relações entre o credor e os devedores (relações externas) e das que se promovem entre os codevedores entre si (relações internas).

O cânone fundamental é o que vem expresso no artigo 275. O credor tem direito a reclamar ou receber, de qualquer dos devedores, a dívida por inteiro, como se, em verdade, cada um houvesse contraído sozinho a obrigação (OROZIMBO NONATO). A manutenção do preceito deve-se, de um lado, ao amor à tradição, e de outro, para deixar bem patente que jamais prevalece, na solidariedade, o *beneficium divisionis*.

2. Se o pagamento for total, extingue-se a obrigação, liberando-se o *solvens* e todos os co-devedores. Se for parcial, abate-se na dívida o que tiver sido pago, subsistindo a solidariedade quanto ao restante.

3. O credor pode demandar um, alguns ou todos os coobrigados, sem a necessidade de qualquer ressalva, pois, em face do que dispõe o Código, a cobrança judicial, em qualquer caso, não importará renúncia à solidariedade. O parágrafo único, na rigidez dos princípios, seria desnecessário. Sua reinserção no Código justifica-se, todavia, em face de ter havido uma ou outra decisão sustentando o contrário.

4. A faculdade de intentar ação contra qualquer um dos devedores pertence ao credor, descabendo ao demandado alegar o benefício de ordem, que inexiste na solidariedade.

Texto do Código Civil de 2002:

Art. 276. Se um dos devedores solidários falecer deixando herdeiros, nenhum destes será obrigado a pagar senão a quota que corresponder ao seu quinhão hereditário, salvo se a obrigação for indivisível; mas todos reunidos serão considerados como um devedor solidário em relação aos demais devedores.

Texto comentado por Caio Mário:
Idêntico ao do Código Civil.

Fontes: Código de 1916, art. 905; Projeto de Código de Obrigações de 1965, art. 135; Projeto de 1975, art. 274.

COMENTÁRIO

O artigo cogita das relações externas e internas da solidariedade. As relações externas se estabelecem entre os devedores e o credor, cabendo a cada um pagar tudo e por inteiro (*totum et totaliter*). Morrendo um deles, não se transpõe a solidariedade para os seus herdeiros. Cada um somente pode ser demandado pela quantia que corresponde ao seu quinhão hereditário, porque para eles a dívida não é solidária, aplicando-se o princípio do fracionamento em tantas obrigações iguais e distintas quantos eles forem – *concursu partes fiunt.*

Todos eles, em conjunto, representam o devedor falecido, e, reunidos, respondem pela dívida inteira. Em consequência, se o credor acionar o espólio, antes da partilha, pode exigir o pagamento na sua totalidade.

Texto do Código Civil de 2002:

Art. 277. O pagamento parcial feito por um dos devedores e a remissão por ele obtida não aproveitam aos outros devedores, senão até à concorrência da quantia paga ou relevada.

Texto comentado por Caio Mário:
Idêntico ao do Código Civil.
Fonte: Código de 1916, art. 906; Projeto de Código de Obrigações de 1965, art. 133; Projeto de 1975, art. 275.

COMENTÁRIO

1. Quanto ao pagamento parcial, a matéria é de extrema simplicidade. Feito por um dos devedores, aproveita aos demais, naquilo em que reduzir a dívida. Deduzida a parte paga, a solidariedade subsiste pelo remanescente do débito.

2. A remissão comporta uma distinção. Se o credor houver perdoado toda a dívida, extingue-se a obrigação e é oponível a todos os coobrigados. Sendo a remissão dada a um dos codevedores, fica este liberado, mas a faculdade de demandar o pagamento aos demais coobrigados está subordinada à dedução da parte relevada. Se o credor exigir de qualquer deles a solução da obrigação, o devedor demandado pode opor ao credor a remissão, somente até a concorrência da parte remitida, pois quanto ao remanescente a solidariedade sobrevive.

3. O mesmo que ocorre com a remissão estende-se a qualquer outra modalidade de solução da obrigação. Mais preciso foi, portanto, o meu Projeto de Código de Obrigações, quando aludiu, no art. 133, ao pagamento parcial "direto ou indireto".

Texto do Código Civil de 2002:

Art. 278. Qualquer cláusula, condição ou obrigação adicional, estipulada entre um dos devedores solidários e o credor, não poderá agravar a posição dos outros sem consentimento destes.

TEXTO COMENTADO POR CAIO MÁRIO:
Idêntico ao do Código Civil.
Fontes: Código de 1916, art. 907; Projeto de Código de Obrigações de 1965, art. 132; Projeto de 1975, art. 276.

COMENTÁRIO

Cada um dos devedores solidários responde pela obrigação, nos termos em que ela foi originariamente estabelecida, seja legal, seja convencional. Qualquer estipulação posterior, concertada entre um deles e o credor, restringe-se ao que a convencionou. Por ela não respondem os demais, a não ser que lhe tenham dado seu consentimento.

TEXTO DO CÓDIGO CIVIL DE 2002:

Art. 279. Impossibilitando-se a prestação por culpa de um dos devedores solidários, subsiste para todos o encargo de pagar o equivalente; mas pelas perdas e danos só responde o culpado.

TEXTO COMENTADO POR CAIO MÁRIO:
Idêntico ao do Código Civil.
Fontes: Código de 1916, art. 908; Projeto de Código de Obrigações de 1965, art. 136; Projeto de 1975, art. 277.

COMENTÁRIO

1. Se a prestação se impossibilitar sem culpa de qualquer dos devedores, cessa a obrigação e nenhum deles é obrigado a qualquer pagamento – *casus a nullo praestantur*. Reversamente, se se impossibilitar pela culpa concorrente de todos, a obrigação converte-se na indenização, e subsiste integralmente a solidariedade, podendo o credor demandar de todos o equivalente, mais perdas e danos.

2. Se a impossibilidade se dever à culpa de um dos devedores, a prestação converte-se no equivalente, mais perdas e danos. Sobre o equivalente incide o vínculo da solidariedade. Os demais devedores não se podem considerar liberados pelo fato de um deles incorrer em culpa. Mas, como é de princípio que somente o culpado responde pelos efeitos de seu procedimento contra direito – *unuscuique sua culpa nocet* –, as perdas e danos correm à conta somente do que provocou se impossibilitasse a prestação. A extensão das perdas e danos aos demais conflitaria com a regra, tão verdadeira em direito civil quanto no criminal, de não dever a pena exorbitar da pessoa do culpado.

TEXTO DO CÓDIGO CIVIL DE 2002:

Art. 280. Todos os devedores respondem pelos juros da mora, ainda que a ação tenha sido proposta somente contra um; mas o culpado responde aos outros pela obrigação acrescida.

TEXTO COMENTADO POR CAIO MÁRIO:

Idêntico ao do Código Civil.

Fontes: Código de 1916, art. 909; Projeto de Código de Obrigações, art. 137; Projeto de 1975, art. 278.

COMENTÁRIO

1. O Código prevê a incidência de juros no caso de ação contra o devedor. Eles correm mediante a constituição em mora. É obvio que, num ou noutro caso, todos os devedores por eles respondem, sendo, como são, consequências da falta de pagamento oportuno.

2. O princípio encontra justificativa em que juros moratórios seriam evitados se qualquer dos devedores efetuasse o pagamento. E, mesmo no caso de demanda judicial, poderiam evitar sua incidência.

3. Sujeitam-se aos juros de mora, por não terem pago a dívida, todos os devedores. Mas aquele, cuja culpa agravou a situação dos demais, responde perante eles pelo que foi acrescido na dívida.

4. Embora não diga o Código, aos demais efeitos da sucumbência aplica-se a mesma regra.

5. Ressalva-se a hipótese de um dos devedores ser obrigado a termo ou sob condição (art. 266). Neste caso, a responsabilidade pelos juros moratórios não pode ser imposta ao devedor beneficiado pela condição ou pelo termo (CLÓVIS BEVILÁQUA).

Texto do Código Civil de 2002:

Art. 281. O devedor demandado pode opor ao credor as exceções que lhe forem pessoais e as comuns a todos; não lhe aproveitando as exceções pessoais a outro co-devedor.

Texto comentado por Caio Mário:
Idêntico ao do Código Civil.
Fontes: Código de 1916, art. 911; Projeto de 1975, art. 279.

COMENTÁRIO

1. Na terminologia processual, o vocábulo exceção é usado em acepção restrita, compreendendo a de incompetência ou *declinatoria fori*, a de litispendência, a de coisa julgada, a de impedimento, a de suspeição. O art. 281 alude, entretanto, a toda espécie de defesa hábil a ilidir a pretensão do credor.

2. Neste sentido genérico, ele compreende três ordens de exceções: as que são próprias do demandado, as pessoais a outro devedor, as que são comuns a todos.

O tratamento legal varia, conforme o caso. O devedor demandado tem o direito de alegar as que dizem respeito à sua pessoa, como sejam a compensação, a confusão e a remissão. Mas não lhe assiste o direito de opor à reclamação do credor as que são pertinentes a outro codevedor, porque somente a este interessa, e não atingem o seu dever-prestar.

Tem o dever de arguir as que são comuns a todos os devedores, porque alcançam a relação obrigacional, e podem ter por efeito reduzir ou extinguir as responsabilidades. Cabe-lhe, então, invocar a prescrição da dívida, a nulidade do negócio jurídico, a falsidade material ou ideológica do título, a renúncia do credor, a inadequação da via procedimental, enfim, qualquer fato que possa importar em extinção ou redução da dívida.

O Código limita-se a reproduzir o preceito contido no art. 911 do-Código Civil de 1916. Seria, entretanto, oportuno que se estabelecesse o dever de invocar as exceções comuns a todos, tal como ocorre no Código Federal Suíço das Obrigações, art. 145. A razão, desenvolvida na doutrina, assenta em que a omissão do devedor demandado traz dano aos codevedores por negligência ou dolo, pelos quais deve responder (CLÓVIS BEVILÁQUA, e minhas *Instituições de Direito Civil*, vol. II, nº 142).

Não obstante o silêncio a respeito, aos coobrigados que sejam prejudicados será lícito responsabilizar o consorte omisso, seja em ação direta, fundada no art. 186, seja pela recusa de compartilhar no ressarcimento a que alude o art. 283.

TEXTO DO CÓDIGO CIVIL DE 2002:

Art. 282. O credor pode renunciar à solidariedade em favor de um, de alguns ou de todos os devedores.

Parágrafo único. Se o credor exonerar da solidariedade um ou mais devedores, subsistirá a dos demais.

TEXTO COMENTADO POR CAIO MÁRIO:

Idêntico ao do Código Civil.

Fontes: Código de 1916, art. 912; Projeto de Código de Obrigações de 1965, art. 139; Projeto de 1975, art. 290.

COMENTÁRIO

1. A solidariedade passiva instituiu-se em benefício do credor. É um direito de que ele pode abdicar. A renúncia é um dos modos pelos quais extingue-se a solidariedade. Pode favorecer a todos os devedores ou a alguns deles. E o tratamento legal varia numa ou noutra hipótese.

2. Renunciando a solidariedade em relação a todos os devedores, a dívida recai na situação de uma obrigação comum, sujeita à regra do art. 257: divide-se em tantas obrigações, iguais e distintas, quantos forem os devedores, e cada um deles respondendo ao credor pela sua quota-parte: *concursu partes fiunt.*

3. Renunciando em favor de um ou de alguns dos devedores, altera-se a situação de todos os coobrigados, em situação análoga à do credor que recebe pagamento parcial de um dos devedores, ou lhe remite parte da dívida.

4. Exonerado da solidariedade um ou mais devedores, subsiste ela quanto aos demais. A redação do parágrafo único não foi feliz. Reproduzindo sempre, quase literalmente, o velho Código, deixou uma dúvida que ele afastava. Dizia, então, que ao credor renunciante somente era lícito acionar os demais, abatendo no crédito a parte correspondente ao devedor remitido. Embora não o diga expressamente, outro não deve ser o entendimento do parágrafo. Se ao credor, renunciando à solidariedade em favor de um dos codevedores, fosse lícito reclamar a dívida toda contra qualquer dos outros, estaria realizando uma renúncia apenas nominal, sem efeito prático. Demais disso, beneficiando um devedor com a renúncia, estaria agravando a situação dos demais, contra o disposto no art. 278.

5. O conceito de renúncia é o mesmo que advém do art. 114 (ver comentário respectivo). Pode ser expressa, quando o credor declara, sem reservas, que abre mão da solidariedade e restitui aos devedores a faculdade de solver por partes. Tácita, quando resulta de uma atitude ou comportamento do credor, incompatível com a solidariedade. Lembram os autores, como casos de renúncia tácita: a) receber o credor a quota parte de um devedor, dando-lhe quitação; b) demandar judicialmente um dos devedores, pela sua parte na dívida: não se confunde a situação com a do credor que ajuíza ação contra um devedor pela dívida toda; c) receber o credor, habitualmente, a parte de um dos devedores nos juros e frutos. Essas e outras hipóteses ocorrentes deixam, entretanto, de constituir renúncia à solidariedade, se o credor ressalvar o direito de manter o vínculo da solidariedade (cf. minhas *Instituições de Direito Civil*, vol. II, nº 143).

Texto do Código Civil de 2002:

Art. 283. O devedor que satisfez a dívida por inteiro tem direito a exigir de cada um dos co-devedores a sua quota, dividindo-se igualmente por todos a do insolvente, se o houver, presumindo-se iguais, no débito, as partes de todos os co-devedores.

Texto comentado por Caio Mário:
Idêntico ao do Código Civil.

Fontes: Código de 1916, art. 913; Projeto de Código de Obrigações de 1965, art. 140; Projeto de 1975, art. 281.

COMENTÁRIO

1. Trata este artigo das denominadas relações internas da solidariedade. Perante o credor, todos são responsáveis pela dívida toda e por inteiro

– *totum et totaliter*. Nas relações entre eles próprios, vigora a regra de que cada um responde pela sua parte. Salvo disposição em contrário e ressalvado o que dispõe o art. 285, presume-se que todos os devedores têm, na dívida, partes iguais. E, nesta proporção, cada um concorre, para compor o que despendeu o devedor *solvens*, na liquidação da dívida comum. A disposição é de aplicar-se assim no caso de ser o devedor compelido judicialmente ao pagamento, quanto no de efetuar a *solutio* espontaneamente. Ocorre, então, a sub-rogação no crédito, mas sem a natureza solidária. Se prevalecesse a faculdade do solvente demandar de um coobrigado a dívida toda, este teria igual direito, criando-se um círculo vicioso indefinido e perpétuo (GIORGI). A faculdade de reembolsar-se existe tanto no pagamento total como no parcial (OROZIMBO NONATO).

2. Se um dos codevedores for insolvente, a sua parte é rateada por todos, de forma a não ficar o *solvens* no desembolso do que despendeu sem a possibilidade de se reembolsar.

TEXTO DO CÓDIGO CIVIL DE 2002:

Art. 284. No caso de rateio entre os co-devedores, contribuirão também os exonerados da solidariedade pelo credor, pela parte que na obrigação incumbia ao insolvente.

TEXTO COMENTADO POR CAIO MÁRIO:
Idêntico ao do Código Civil.

Fontes: Projeto de Código de Obrigações de 1965, art. 140, parágrafo único; Projeto de 1975, art. 282.

COMENTÁRIO

O Código destacou o que fiz constar no art. 140, parágrafo único, do Projeto de Código de Obrigações de 1965. O devedor, exonerado da solidariedade pelo credor, recebe uma remissão nas suas relações com ele (relações externas da solidariedade). Sendo a exoneração uma forma de renúncia, deve receber interpretação estrita (art. 114). O credor pode renunciar ao seu direito contra um dos devedores solidários. Não tem, no entanto, a faculdade de estender a exoneração ao direito de reembolso, que lhe não pertence, porém ao devedor que pagou a dívida comum.

TEXTO DO CÓDIGO CIVIL DE 2002:

Art. 285. Se a dívida solidária interessar exclusivamente a um dos devedores, responderá este por toda ela para com aquele que pagar.

TEXTO COMENTADO POR CAIO MÁRIO:
Idêntico ao do Código Civil.

Fontes: Código de 1916, art. 915; Projeto de Código de Obrigações de 1965, art. 141; Projeto de 1975, art. 283.

COMENTÁRIO

1. Abre este artigo exceção à regra do art. 283. Ao aludir à dívida que interessar exclusivamente a um dos devedores, o Código refere-se ao fato de, pelo título, ou pelas circunstâncias, um dos devedores for o obrigado principal. É o que ocorre com a solidariedade decorrente de fiança ou aval, em que a dívida interessa ao devedor principal. Solvida a obrigação pelo fiador ou avalista, tem o direito de ser reembolsado, na sua totalidade, contra o afiançado ou avalizado.

2. Corolário deste princípio é que, se a obrigação for solvida pelo devedor principal, não tem direito a agir contra os fiadores ou avalistas para deles haver sua quota na dívida, embora esta, em relação ao credor, seja comum a todos os sujeitos ao vínculo da solidariedade.

Título II
DA TRANSMISSÃO DAS OBRIGAÇÕES

Capítulo I
DA CESSÃO DE CRÉDITO

TEXTO DO CÓDIGO CIVIL DE 2002:

Art. 286. O credor pode ceder o seu crédito, se a isso não se opuser a natureza da obrigação, a lei, ou a convenção com o devedor; a cláusula proibitiva da cessão não poderá ser oposta ao cessionário de boa-fé, se não constar do instrumento da obrigação.

TEXTO COMENTADO POR CAIO MÁRIO:

Idêntico ao do Código Civil.

Fontes: Código de 1916, art. 1.065; Projeto de Código de Obrigações de 1965, art. 156; Projeto de 1975, art. 284.

NOTA DOS ATUALIZADORES:

Conforme evidencia a leitura dos arts. 1.630 e seguintes, o Código Civil preferiu a designação "poder familiar" à expressão "pátrio poder", adotada pelo Código Civil de 1916 e nos comentários de Caio Mário, abaixo.

COMENTÁRIO

1. Uma conquista do direito moderno é a cessão de crédito. O Direito Romano não a disciplinou, tendo em vista o caráter personalista da relação obrigacional, que se não compadecia com a ideia de uma obrigação ser cumprida nas mãos de uma pessoa que não figurava nela. Com a evolução dos costumes, imaginou-se naquele direito uma forma indireta de transferência da qualidade creditícia: o credor outorgava a um terceiro poderes para demandar o devedor, de modo a lhe permitir guardar para si, como dono da lide (*dominus litis*), as vantagens ou quantias recebidas. E desta forma, constituindo um procurador em causa própria – *pro-*

curator in rem suam–, habilitava-o a receber o crédito como se fosse o próprio credor. Mais tarde, imaginou-se uma forma um pouco mais simplificada, pela qual o credor transferia a um terceiro a ação (*actio*) que tinha contra o devedor, ficando este com o poder de, em juízo, cobrar a dívida do cedente (*actio utilis*).

Por isso, talvez, o instituto da cessão de crédito encontrou em alguns sistemas jurídicos modernos certas resistências, que não existem no Direito Brasileiro. Podemos, entre nós, defini-la como *negócio jurídico em virtude do qual o credor transfere a outrem a sua qualidade creditória com todos os acessórios e garantias*, salvo disposição em contrário.

2. É uma alteração subjetiva da obrigação, como a novação e o pagamento com sub-rogação. Distingue, entretanto, de uma e de outro, em que, via cessão do crédito, o vínculo obrigacional passa intacto ao cessionário, ao contrário dos outros dois institutos, em que o terceiro se torna credor através de uma técnica em que ocorre a extinção da obrigação, para ressurgir no novo credor.

3. A cessão de crédito é negócio jurídico abstrato (LARENZ, VON TUHR), que se completa independentemente da indagação de sua causa. Distingue-se do negócio que a originou. Pode, portanto, ser *onerosa* (*venditionis causa*), operando como uma compra e venda entre cedente e cessionário; ou *gratuita* (*donationis causa*), em que o cedente passa o crédito a alguém, sem qualquer contraprestação.

4. A cessão de crédito pode ser *convencional* ou *voluntária*, *legal* ou *necessária*, e *judicial*. Convencional, quando resulta de um negócio jurídico. Legal, quando se realiza por força de lei. Judicial, quando se origina de uma sentença.

A cessão *convencional* pode ter por objeto todo crédito.

A cessão é a regra, no sentido de que todo crédito é cessível desde que se lhe não oponha a lei ou a convenção com o devedor, ou não o contrarie a natureza da obrigação.

Pela natureza, não podem ser objeto de cessão: a dos créditos acessórios, sem transferência do principal; os derivados de obrigações personalíssimas; os que se integram na prestação de tal modo que não cabe transferi-los sem alteração dela. Não cabe a cessão quando disposição de lei interdiz a sua transferência a terceiros. Quando a lei interdiz a uma pessoa adquirir bens de outra, a proibição abrange a cessão de crédito.

A convenção que proíbe a cessão de crédito é respeitada, não tendo validade a que se realiza ao arrepio do que for estipulado. Em relação ao terceiro de boa fé, entretanto, a proibição convencional não tem eficácia se não constar do próprio instrumento da obrigação.

5. A cessão de crédito se diz *pro soluto*, quando o cedente transfere o seu direito em solução de uma obrigação pré-existente, ficando dela exonerado; e se chama *pro solvendo* quando coexistir a obrigação cedida e a primitiva, sem a quitação do cessionário.

6. Como envolve a alienação de direitos, a cessão de crédito deve ser encarada subjetiva e objetivamente. Subjetivamente, não pode ceder seu crédito aquele que não tem o poder de disposição, seja em termos genéricos (incapacidade), seja especificamente em relação ao próprio direito cedido. Objetivamente, a cessão não ultrapassa o conteúdo do próprio crédito, dizendo-se que ninguém pode transferir a outrem mais direitos do que tem – *nemo plus iuris ad alium transferre potest quam ipse habet.*

7. Normalmente, interdita a cessão do crédito, é defeso o exercício de qualquer direito dele oriundo. Sendo, porém, destacável, as mesmas razões que militam contra a transferência da razão creditória não prevalecem quanto ao exercício de direitos a ele inerentes. Por exemplo: o pátrio poder não comporta transferência, mas nada impede que o pai ceda a outrem a percepção dos frutos dos bens dos filhos *in potestate.*

8. São partes na cessão de crédito: a) o *cedente*, que é o titular da razão creditória; b) o *cessionário*, que é o terceiro ou a pessoa a quem aquele transfere os poderes que lhe advém do direito cedido. O devedor não é parte no negócio jurídico da cessão. Pode, eventualmente, figurar no instrumento, mas sua presença é meramente acidental.

9. As disposições relativas à cessão de crédito aplicam-se à transferência de todo outro direito, não sujeita a normas específicas. Assim dispunha o Código Civil de 1916 (art. 1.078), mas o novo dispensou-se de reproduzir, pela desnecessidade de proclamá-lo.

Texto do Código Civil de 2002:

Art. 287. Salvo disposição em contrário, na cessão de um crédito abrangem-se todos os seus acessórios.

Texto comentado por Caio Mário:
Idêntico ao do Código Civil.

Fontes: Código de 1916, art. 1.066; Projeto de Código de Obrigações de 1965, art. 157; Projeto de 1975, art. 285.

COMENTÁRIO

1. Via de regra, o acessório segue o principal - *acessorium sequitur principale*. Assim ocorre na cessão de crédito. A transferência da razão creditória abrange-lhe os frutos, rendimentos e garantias. Podem não ser compreendidos uns e outros, quando militar contra a transmissibilidade uma disposição legal, convencional ou judicial em contrário.

Não opera *pleno iure* a transferência de acessórios que são inseparáveis da pessoa do cedente. Respeita-se a reserva de juros, ou a exclusão de garantias, se assim for estipulado. Quando o direito é de molde a gerar outros efeitos, prevalece, contudo, a ressalva quanto à pertinência destes ao cedente.

Texto do Código Civil de 2002:

Art. 288. É ineficaz, em relação a terceiros, a transmissão de um crédito, se não celebrar-se mediante instrumento público, ou instrumento particular revestido das solenidades do § 1° do art. 654.

Texto comentado por Caio Mário:
Idêntico ao do Código Civil.

Fontes: Código de 1916, art. 1.067; Projeto de Código de Obrigações de 1965, art. 156; Projeto de 1975, art. 286.

COMENTÁRIO

1. A cessão de crédito é ato consensual. Assim o proclama o BGB e resulta de nossa sistemática. Não se exige aobservância de requisito formal, para valer entre as partes.

Quando, porém, o direito cedido requer instrumento público, a forma deste atrai a da cessão.

Fora daí, tem igual validade o instrumento público ou particular.

A validade contra terceiros está subordinada, contudo, à observância da forma. Ou se faz por escrito público, ou por escrito particular. Se feito por instrumento público, dispensa o registro. Se por escrito particular, é exigida a inscrição no registro próprio.

2. Não se questiona a cessão verbal, em casos em que não é exigida instrumentação, como se dá quando o credor entrega a um terceiro o título ao portador.

Texto do Código Civil de 2002:

Art. 289. O cessionário de crédito hipotecário tem o direito de fazer averbar a cessão no registro do imóvel.

Texto comentado por Caio Mário:

Idêntico ao do Código Civil.

Fontes: Código de 1916, art. 1.067; Projeto de Código de Obrigações de 1965, art. 159; Projeto de 1975.

COMENTÁRIO

Embora destacando em forma de artigo o parágrafo único do art. 1.067 do Código Civil de 1916, o Código conservou a mesma imperfeição redacional do seu modelo. O princípio parece oferecer ao cessionário do crédito hipotecário a faculdade de promover a averbação, o que insinua a faculdade oposta de não averbar. Como é complementar da garantia hipotecária a sua inscrição, o cessionário promovê-la-á para que se sub-rogue nos efeitos da hipoteca. Mais correta a redação do art. 159 do meu Projeto de Código de Obrigações de 1965, a dizer que a cessão do crédito hipotecário será averbada à margem da inscrição.

Texto do Código Civil de 2002:

Art. 290. A cessão do crédito não tem eficácia em relação ao devedor, senão quando a este notificada; mas por notificado se tem o devedor que, em escrito público ou particular, se declarou ciente da cessão feita.

TEXTO COMENTADO POR CAIO MÁRIO:
Idêntico ao do Código Civil.
Fontes: Código de 1916, art. 1.069; Projeto de Código de Obrigações, art. 160; Projeto de 1975, art. 288.

COMENTÁRIO

1. A notificação ao devedor é o meio técnico de levar ao seu conhecimento a transferência da relação creditória. Sua finalidade é integrar na cessão o dever-prestar, da parte do devedor, ao novo credor (cessionário) e não ao antigo (cedente).

A notificação consiste em qualquer meio pelo qual a operação de transferência é comunicada ao devedor. Pode dar-se por qualquer meio: comunicação direta; ou efetuada através do cartório de títulos e documentos; ou por via judicial. Além dessas formas de notificação expressa, tem validade a notificação presumida, quando o devedor se declara ciente da transferência. Pode dar-se no próprio instrumento da cessão, ou escrito à parte (público ou particular).

2. A notificação tem o efeito de vincular o devedor ao cessionário, desligando-o do cedente. Após a notificação, o primitivo credor não lhe pode reclamar o pagamento. E não tem validade, em relação ao cessionário, o pagamento que realiza ao cedente, estando, portanto, sujeito a pagar duas vezes se o fizer.

3. Títulos ao portador ou à ordem obedecem a critério específico de transferência, não se lhes aplicando a formalidade da notificação.

TEXTO DO CÓDIGO CIVIL DE 2002:

Art. 291. Ocorrendo várias cessões do mesmo crédito, prevalece a que se completar com a tradição do título do crédito cedido.

TEXTO COMENTADO POR CAIO MÁRIO:
Idêntico ao do Código Civil.
Fontes: Código de 1916, art. 1.070; Projeto de Código de Obrigações de 1965, art. 161; Projeto de 1975, art. 289.

COMENTÁRIO

Se o credor fizer várias cessões do mesmo crédito, for notificado o devedor apenas de um deles, é válido o pagamento que fizer ao que promover a notificação. Se o devedor for notificado de mais de um deles, libera-se com o pagamento que efetuar ao cessionário que lhe apresentar o título da cessão e o da obrigação cedida.

TEXTO DO CÓDIGO CIVIL DE 2002:

Art. 292. Fica desobrigado o devedor que, antes de ter conhecimento da cessão, paga ao credor primitivo, ou que, no caso de mais de uma cessão notificada, paga ao cessionário que lhe apresenta, com o título de cessão, o da obrigação cedida; quando o crédito constar de escritura pública, prevalecerá a prioridade da notificação.

TEXTO COMENTADO POR CAIO MÁRIO:
Idêntico ao do Código Civil.

Fontes: Código de 1916, art. 1.071; Projeto de Código de Obrigações de 1965, art. 160 e 161; Projeto de 1975, art. 290.

COMENTÁRIO

O princípio complementa os dois artigos anteriores. A notificação, expressa ou presumida, do devedor vincula-o ao cessionário, ficando ele subordinado a este. Pagando ao credor primitivo, paga mal. Reversamente, se paga ao credor primitivo antes de notificado, ou de por outra via tomar conhecimento da cessão, fica exonerado. Do mesmo modo, fica desobrigado o devedor que pagar ao cessionário munido apenas do título da cessão, embora não apresente com ela o da obrigação cedida, no caso de ser notificado de mais de uma.

O segundo membro do artigo manda que prevaleça prioridade da notificação sobre a posse do título, quando crédito constar de escritura pública.

TEXTO DO CÓDIGO CIVIL DE 2002:

Art. 293. Independentemente do conhecimento da cessão pelo devedor, pode o cessionário exercer os atos conservatórios do direito cedido.

TEXTO COMENTADO POR CAIO MÁRIO:
Idêntico ao do Código Civil.
Fontes: Projeto de Código de Obrigações de 1965, art. 162; Projeto de 1975, art. 291.

COMENTÁRIO

Esta norma constitui inovação criada no meu Projeto de Código de Obrigações de 1965. O conhecimento da cessão pelo devedor tem o efeito de estabelecer a sua vinculação ao cessionário, com as consequências estatuídas nos artigos anteriores. Não é ela, porém, requisito para a eficácia da cessão para o cessionário. Independentemente da notificação, o cessionário pode tomar as medidas destinadas à conservação de seu direito, como seria o caso de promover ele a interrupção da prescrição.

TEXTO DO CÓDIGO CIVIL DE 2002:

Art. 294. O devedor pode opor ao cessionário as exceções que lhe competirem, bem como as que, no momento em que veio a ter conhecimento da cessão, tinha contra o cedente.

TEXTO COMENTADO POR CAIO MÁRIO:
Idêntico ao do Código Civil.
Fontes: Código de 1916, art. 1.072; Projeto de Código de Obrigações de 1965, art. 163; Projeto de 1975, art. 292.

COMENTÁRIO

1. O novo Código alterou a redação dos efeitos da cessão no tocante à oponibilidade das exceções. Cabe, então, distinguir.

No primeiro plano, considerando o vocábulo "exceções" na acepção de quaisquer defesas, é obvio que o devedor tem a faculdade de arguir todas as que dizem respeito à validade e eficácia da obrigação: incapacidade, defeito formal ou de consentimento, prescrição, pagamento, bem como de natureza processual, como seja a incompetência jurisdicional, suspeição ou impedimento do juiz, litispendência, coisa julgada.

Em especial, o artigo tem em vista as exceções pessoais do devedor – compensação, novação, transação, confusão.

Demandado, o devedor pode opor as exceções que tem contra o cessionário, que está exigindo o pagamento em seu próprio nome, embora com fundamento na obrigação primitiva. Não está inibido de opor as exceções contra o cedente, porque se a obrigação era inválida, ou se tinha motivos para ilidir a pretensão creditória, eles não desaparecem com a mutação subjetiva por que passou a obrigação.

2. É vedado ao devedor opor ao cessionário qualquer exceção que, após a cessão, venha a ter contra o cedente. A razão é que, ao se processar a transferência, o direito do credor primitivo não padecia de defeito. E o que é superveniente à cessão não prejudica o cessionário. O devedor que, notificado da cessão, nada opõe, não mais poderá opor ao cessionário, a compensação que antes da cessão teria contra o cedente. Não sendo notificado, poderá opor ao cessionário a compensação do crédito que lhe assistia contra o direito do cedente (art. 377).

3. O Código de 1916 excluía de oponibilidade ao cessionário de boa-fé a simulação do cedente. O novo Código não aludiu ao caso, porque deixou de tratar a simulação como defeito do negócio jurídico, incluindo-a entre os casos de nulidade (art. 167). Dentro da nova sistemática, a simulação é oponível ao cedente, com ressalva, entretanto, do ato que se dissimulou, se válido for na substância e na forma.

TEXTO DO CÓDIGO CIVIL DE 2002:

Art. 295. Na cessão por título oneroso, o cedente, ainda que não se responsabilize, fica responsável ao cessionário pela existência do crédito ao tempo em que lhe cedeu; a mesma responsabilidade lhe cabe nas cessões por título gratuito, se tiver procedido de má-fé.

TEXTO COMENTADO POR CAIO MÁRIO:
Idêntico ao do Código Civil.

Fontes: Código de 1916, art. 1.073; Projeto de Código de Obrigações de 1965, art. 165; Projeto de 1975, art. 293.

COMENTÁRIO

1. A cessão de crédito pode ser a título oneroso (*venditionis causa*), ou a título gratuito (*donationis causa*). Sendo a cessão de crédito um negócio jurídico autônomo e abstrato, deve ser tratada destacadamente em relação ao crédito transferido. E as consequências são diversas, na cessão onerosa e na gratuita.

Sendo onerosa, o cedente responde pela existência e veracidade do crédito (*veritas nominis*). Ao efetuar a transferência do título, recebeu uma contraprestação. Se não existir o crédito cedido, terá recebido sem causa uma quantia ou coisa, o que terá como consequência a obrigação de restituir, fundada na teoria do enriquecimento sem causa.

A falta de realidade ou existência da dívida tanto pode consistir na inexistência da obrigação, como na extinção da mesma no momento da cessão. Se, porém, ela vier a perimir após a transferência, é a risco do cessionário.

2. Em se tratando da cessão gratuita, o cedente não responde pela realidade ou existência da dívida, porque nada terá recebido como contraprestação. Responde, no entanto, se tiver procedido de má-fé.

3. Quer no tocante à cessão onerosa, quer na gratuita, a responsabilidade do cedente pela veracidade do crédito pode ser objeto de convenções especiais. É válida a cláusula que o exime da responsabilidade pela realidade da dívida na cessão onerosa, ou daquela em que o assume na gratuita. É lícito, ainda, estipular que o cessionário assume os riscos da existência do crédito (contrato aleatório), e, neste caso, nada tem a repor o cedente, se dele nada vier a existir.

4. A responsabilidade do cedente pela existência da obrigação transferida somente tem lugar na cessão voluntária ou convencional. Não se aplica à transferência que se opera por força de lei. É o que dispunha o art. 1.076 do Código de 1916, que o novo se dispensou de reproduzir. Mas a exoneração está ínsita no contexto do art. 295, uma vez que este, ao aludir à onerosidade e gratuidade, somente tem em vista a cessão convencional, e não à que decorre de disposição coativa de lei.

5. Ao aludir à existência do crédito, o artigo compreende os seus acessórios, que via de regra o acompanham, salvo estipulação em contrário.

6. Se o cessionário tem conhecimento de litígio sobre o crédito, e mesmo assim adquire-o por cessão onerosa, assume os riscos, nada podendo reclamar do cedente.

TEXTO DO CÓDIGO CIVIL DE 2002:

Art. 296. Salvo estipulação em contrário, o cedente não responde pela solvência do devedor.

TEXTO COMENTADO POR CAIO MÁRIO:
Idêntico ao do Código Civil.

Fontes: Código de 1916, art. 1.074; Projeto de Código de Obrigações de 1965, art. 166; Projeto de 1975, art. 294.

COMENTÁRIO

1. Os princípios diferem no que diz respeito à existência do crédito cedido (*veritas nominis*) e a solvência do devedor (*bonitas nominis*). Pela primeira, a regra, posto que perfurada de ressalvas, é a responsabilidade do cedente. Pela segunda, vigora o oposto: o cedente não responde pelo que o cessionário venha a apurar, ainda que a cessão tenha sido feita a título oneroso.

Pode, entretanto, estipular o cedente a responsabilidade pela solvência, caso em que terá de restituir ao cessionário o que recebeu pela cessão, nos limites do que dispõe o artigo seguinte.

2. Embora não seja normal, a responsabilidade pela solvência pode ser assumida, também, na cessão gratuita.

TEXTO DO CÓDIGO CIVIL DE 2002:

Art. 297. O cedente, responsável ao cessionário pela solvência do devedor, não responde por mais do que daquele recebeu, com os respectivos juros; mas tem de ressarcir-lhe as despesas da cessão e as que o cessionário houver feito com a cobrança.

TEXTO COMENTADO POR CAIO MÁRIO:
Idêntico ao do Código Civil.

Fontes: Código de 1916, art. 1.075; Projeto de Código de Obrigações de 1965, art. 166, parágrafo único; Projeto de 1975, art. 295.

COMENTÁRIO

1. O artigo complementa o anterior. Assumindo o cedente a responsabilidade pela solvência do devedor, e nada vindo o cessionário a apurar, tem o cedente de lhe restituir o que dele recebeu, mais juros e despesas com a cessão e a cobrança, tais como notificação ao devedor, interrupção de prescrição, custas judiciais e efeitos da sucumbência.

2. Não sendo disposição de ordem pública, prevalece o que as partes convencionaram.

3. Sendo gratuita a cessão, somente estará o cedente obrigado a ressarcir ao cessionário o que constar do instrumento da cessão.

TEXTO DO CÓDIGO CIVIL DE 2002:

Art. 298. O crédito, uma vez penhorado, não pode mais ser transferido pelo credor que tiver conhecimento da penhora; mas o devedor que o pagar, não tendo notificação dela, fica exonerado, subsistindo somente contra o credor os direitos de terceiro.

TEXTO COMENTADO POR CAIO MÁRIO:
Idêntico ao do Código Civil.
Fontes: Código de 1916, art. 1.077; Projeto de 1975, art. 296.

NOTA DOS ATUALIZADORES:
No comentário, Caio Mário refere-se ao art. 646 do Código de Processo Civil de 1973, que corresponde ao art. 824 do Código de Processo Civil de 2015. A nova lei disciplina a penhora de créditos em seus arts. 855 a 860.

COMENTÁRIO

1. Penhorado o crédito, é objeto de expropriação judicial para garantia da execução (Código de Processo Civil de 1973, art. 646). O credor perde a disponibilidade dele, e, desta sorte, não pode transferi-lo. Será, contudo, válida a cessão que fizer, antes de ser intimado da penhora.

2. Para que se complete o efeito da penhora sobre o crédito, o devedor tem de ser intimado dela. Pagando antes disso ao credor, solve validamente a obrigação e fica exonerado. Ao revés, pagando depois do conhecimento da penhora, o pagamento é inoponível aos terceiros (art. 312), ficando-lhe salvo o regresso contra o credor, que lhe terá de restituir o recebido, por ter procedido de má-fé, caracterizada esta com o recebimento após a penhora, e independentemente de qualquer outra comprovação.

Capítulo II
DA ASSUNÇÃO DE DÍVIDA

TEXTO DO CÓDIGO CIVIL DE 2002:

Art. 299. É facultado a terceiro assumir a obrigação do devedor, com o consentimento expresso do credor, ficando exonerado o devedor primitivo, salvo se aquele, ao tempo da assunção, era insolvente e o credor o ignorava.

Parágrafo único. Qualquer das partes pode assinar prazo ao credor para que consinta na assunção da dívida, interpretando-se o seu silêncio como recusa.

TEXTO COMENTADO POR CAIO MÁRIO:

Idêntico ao do Código Civil.

Fontes: Projeto de Código de Obrigações de 1965, art. 167; Projeto de 1975, art. 297.

COMENTÁRIO

1. Tendo em vista que as fontes romanas não consignaram a figura da assunção de dívida, dado o caráter estritamente pessoal da obrigação naquele Direito, os sistemas jurídicos modernos, de modo geral, omitem-na. O Código Civil de 1916 não a disciplinou, embora conhecesse algumas situações especiais em que o *reus debendi* é substituído por outro sujeito passivo. Ao redigir o Projeto de Código de Obrigações de 1965, assentei a sua dogmática na linha estrutural do que dispõem o BGB (arts. 414 e 419) e o Código Federal Suíço de Obrigações (arts. 175 e segs). O novo Código estabelece a dogmática da assunção de dívida, no rumo traçado no meu Projeto.

Cumpre, desde logo, distinguir a assunção de dívida propriamente dita (*Schuldübernahme*), da assunção cumulativaou de reforço. Na primeira (assunção de cumprimento), o débito se transfere do devedor primitivo para o novo devedor, que assume a obrigação de solver. E é, ainda, necessário assinalar que a assunção de débito não se confunde com a novação subjetiva passiva, porque, ao contrário desta, em que ocorre a extinção do vínculo obrigacional e constituição de nova obrigação, naquela a dívida se transfere ao novo *reus debendi* sem que se extinga.

Qualquer modalidade obrigacional comporta a assunção de dívida, embora seja mais frequente na obrigaçãode dar.

2. Diversamente da cessão de crédito, que é negócio jurídico que se completa entre cedente e cessionário, a assunção de débito não se pode dar contra a vontade do credor – *invito creditore*. A razão é que a condição de solvência e possibilidade de cumprimento variam de pessoa a pessoa. Daí afirmar-se que, se a cessão de crédito dispensa a anuência do devedor e pode mesmo operar-se contra a sua vontade (*etiam invictus*), a transferência da dívida exige o acordo do credor, tal como estabelece o artigo ora comentado.

A anuência pode ser expressa ou tácita (VON TUHR). O Código, porém, só admite-a expressa, embora estabeleça que o devedor primitivo ou o candidato à assunção intime o credor para, em prazo certo, declarar se anui à assunção. O seu silêncio considera-se como recusa.

3. Tal como na doutrina alemã e suíça, a assunção de dívida é negócio jurídico autônomo. Dispensa a criação de outro negócio jurídico para se concretizar.

Mas é de toda obviedade que exige capacidade das partes, especialmente do devedor. E pressupõe a validade e existência da obrigação.

4. O Projeto de Código de Obrigações de 1965 estatuía que o devedor primitivo permanecia obrigado, no caso de proceder ele a transferência da obrigação a um terceiro, cuja insolvência era desconhecida do credor (art. 167, parágrafo único). O mesmo princípio vigora no novo Código, tendo em vista o procedimento doloso do devedor transmitente.

TEXTO DO CÓDIGO CIVIL DE 2002:

Art. 300. Salvo assentimento expresso do devedor primitivo, consideram-se extintas, a partir da assunção da dívida, as garantias especiais por ele originariamente dadas ao credor.

TEXTO COMENTADO POR CAIO MÁRIO:
Idêntico ao do Código Civil.
Fontes: Projeto de Código de Obrigações de 1965, art. 168; Projeto de 1975, art. 298.

COMENTÁRIO

1. A assunção da dívida opera a transferência do débito ao novo devedor. Consequentemente, fica liberado o devedor primitivo. A responsabilidade patrimonial dele, pela solução da obrigação, desaparece. E extinguem-se, igualmente, todas as garantias especiais que haja dado ao credor. Ressalva-se, contudo, aquelas que, por expresso, o devedor assentiu em que permaneçam em vigor.

2. O artigo não foi feliz na redação, pois omitiu as garantias dadas por terceiro. O meu Projeto foi mais exato, ao estabelecer a cessação das "garantias especiais que acediam à dívida primitiva, salvo se consentiu na sua permanência aquele que as ofereceu". Se o terceiro deu garantia à obrigação, e a razão debitória foi assumida por outro devedor, sem o seu assentimento expresso, não pode ele ser chamado a responder pela solução, presumindo-se que, ao garanti-la, teve em vista as condições daquele, cuja solvência assegurou.

TEXTO DO CÓDIGO CIVIL DE 2002:

Art. 301. Se a substituição do devedor vier a ser anulada, restaura-se o débito, com todas as suas garantias, salvo as garantias prestadas por terceiros, exceto se este conhecia o vício que inquinava a obrigação.

TEXTO COMENTADO POR CAIO MÁRIO:
Idêntico ao do Código Civil.
Fontes: Projeto de Código de Obrigações de 1965, art. 170; Projeto de 1975, art. 299.

COMENTÁRIO

1. Anulada a assunção da dívida, restituem-se as partes ao *statu quo ante*. O devedor primitivo volta a ser devedor, e as garantias, que havia dado, voltam a vigorar: penhor, hipoteca, anticrese.

As garantias dadas por terceiro (fidejussórias ou reais) não se restauram, salvo se ele anuir expressamente ou se, mesmo não dando seu assentimento, era conhecedor do vício. O Código comete equívoco, quando alude ao "vício da obrigação". Há de se referir ao vício da assunção da dívida, pois o que terá sido objeto de anulação é a substituição do devedor, e não a obrigação em si mesma.

2. Ressalvam-se, obviamente, os direitos dos terceiros de boa-fé, como seria o caso de cancelamento de hipoteca por efeito de assunção de dívida garantida, e aquisição, por terceiro, do imóvel que fora objeto dela.

TEXTO DO CÓDIGO CIVIL DE 2002:

Art. 302. O novo devedor não pode opor ao credor as exceções pessoais que competiam ao devedor primitivo.

TEXTO COMENTADO POR CAIO MÁRIO:
Idêntico ao do Código Civil.
Fontes: Projeto de Código de Obrigações de 1965, art. 169; Projeto de 1975, art. 300.

COMENTÁRIO

1. Demandado, o novo devedor pode opor ao credor as exceções que lhe são pessoais, tais como a compensação, a remissão da dívida, a novação.

Não pode opor as que são pessoais ao devedor primitivo, em simetria com o princípio.

2. Pode, entretanto, opor as exceções extintivas da obrigação primitiva, que não tenham ficado superadas pela assunção da dívida. Se é pressuposto dela a existência da obrigação, não pode ser o novo devedor chamado a solvê-la, se ao tempo da assunção ela já era extinta.

TEXTO DO CÓDIGO CIVIL DE 2002:

Art. 303. O adquirente de imóvel hipotecado pode tomar a seu cargo o pagamento do crédito garantido; se o credor, notificado, não impugnar em trinta dias a transferência do débito, entender-se-á dado o assentimento.

TEXTO COMENTADO POR CAIO MÁRIO:

Idêntico ao do Código Civil.

Fontes: Projeto de Código de Obrigações de 1965, art. 171; Projeto de 1975, art. 301.

COMENTÁRIO

Embora o novo Código se haja oposto à assunção tácita de dívida (art. 299), abriu esta exceção. Com a aquisição do imóvel hipotecado, notificada ao credor hipotecário, e a ressalva de ter ele tomado a seu cargo o débito garantido, opera-se uma assunção de dívida. E esta passa ao novo devedor, se o credor não manifestar a sua oposição, dentro em um mês. É um caso típico de presunção de anuência, decorrente do silêncio.

Título III
DO ADIMPLEMENTO E EXTINÇÃO DAS OBRIGAÇÕES

Capítulo I
DO PAGAMENTO

Seção I
De Quem Deve Pagar

TEXTO DO CÓDIGO CIVIL DE 2002:

Art. 304. Qualquer interessado na extinção da dívida pode pagá-la, usando, se o credor se opuser, dos meios conducentes à exoneração do devedor.

Parágrafo único. Igual direito cabe ao terceiro não interessado, se o fizer em nome e à conta do devedor, salvo oposição deste.

TEXTO COMENTADO POR CAIO MÁRIO:

Idêntico ao do Código Civil.

Fontes: Código Civil de 1916, art. 930; Projeto de Código de Obrigações de 1965, art. 188; Projeto de 1975, art. 302.

COMENTÁRIO

1. O desfecho natural da obrigação é o seu cumprimento. Enquanto subsiste, institui um vínculo jurídico (*iuris vinculum*) entre o credor e o devedor. Sua execução tem o efeito de romper (*solvere*) esse vínculo. E a operação liberatória do devedor, genericamente, é a solução (*solutio*). O vocábulo "pagamento" exprime-a. A ele se prendem várias acepções: em sentido estrito, quando seu objeto é dinheiro (VON TUHR), numa conceituação mais precisa, a entrega da coisa devida; e, em termos gerais, qualquer forma de liberação do devedor, salvo aquelas em que se dá a *solutio* sem pagamento. Neste Capítulo, o Código tem em vista a extinção da obrigação com pagamento.

2. Em doutrina, discute-se a propósito da natureza jurídica do pagamento, a saber se é um *fato* ou um *negócio jurídico*. Na primeira linha estão os que sustentam a natureza fática (AUBRY et RAU, RICCI, LAROMBIERE; EDUARDO ESPINOLA, OROZIMBO NONATO). É negócio jurídico para GIORGIO GIORGI, que o vê acompanhado de um elemento psíquico ou intencional (*animus solvendi*). A rigor, pode ele consistir tão somente em um fato, ou caracterizar-se como negócio jurídico (ENNECCERUS, OERTMANN, LEHMANN), conforme a prestação se complete com um simples gesto material do devedor, ou exija um comportamento volitivo. Neste último caso, pode ser negócio jurídico unilateral, quando se completa sem qualquer atividade ou aceitação do *accipiens*, e pode ser *bilateral*, quando requer a emissão volitiva do *solvens*, e se completa com a do *accipiens*.

3. Para a validade do pagamento destaca-se, em primeiro lugar, o seu pressuposto essencial, que é a existência da obrigação. Sem o débito, ter-se-á uma liberalidade. Em face dele, ocorre a prestação, que pode consistir na tradição de uma coisa, na realização de ato, ou numa abstenção. E ainda hão de concorrer os requisitos subjetivo e objetivo. O primeiro diz respeito aos sujeitos (quem deve pagar, a quem se deve pagar); o segundo refere-se ao objeto do pagamento e sua prova. E, finalmente, ocorre estabelecer as circunstâncias do lugar e do tempo do pagamento. São essas as diversas seções em que o Capítulo se divide.

4. Regra básica é que qualquer interessado na extinção da obrigação pode efetuá-lo. Diz-se interessado todo aquele que esteja vinculado à obrigação ou em quem esta repercuta. Em primeiro lugar o devedor, cujo interesse reside em desvincular-se, ou todo aquele que sofre a repercussão do vínculo obrigacional. O credor tem o direito de receber, mas tem também o dever de fazê-lo. Concordando, o devedor efetua a prestação. Se o credor recusá-la, o interessado tem a seu alcance os meios adequados a realizar a prestação para o credor que não quer receber pagamento *invito creditori*. Pode consistir na consignação em pagamento, na colocação da coisa à disposição do credor, ou até na simples abstenção.

5. Um terceiro não interessado, isto é, uma pessoa que não seja parte na obrigação nem lhe sofra os efeitos, pode pagar em nome e por conta do devedor. Situado no recebimento o interesse do credor, não pode ele recusar a prestação.

É vedado, entretanto, ao terceiro não interessado pagar em nome e por conta do devedor, quando este se opõe ao pagamento. Mas não se pode qualificar o mandatário um terceiro (CLÓVIS BEVILÁQUA), porque ele procede como se fosse o próprio devedor, por força dos poderes recebidos.

6. Descabe o pagamento por terceiro nas obrigações personalíssimas, isto é, constituídas em razão da pessoa do devedor – *intuitu personae debitoris*. Vale dizer: somente cabe o pagamento por terceiro quando há fungibilidade da prestação.

7. Não prevê o artigo, tal como fizera o meu Projeto de Código de Obrigações, se a oposição do devedor for injustificada. Nesta hipótese, o pagamento deve reputar-se válido e revestido dos mesmos efeitos do que se efetua sem a oposição dele.

TEXTO DO CÓDIGO CIVIL DE 2002:

Art. 305. O terceiro não interessado, que paga a dívida em seu próprio nome, tem direito a reembolsar-se do que pagar; mas não se sub-roga nos direitos do credor.

Parágrafo único. Se pagar antes de vencida a dívida, só terá direito ao reembolso no vencimento.

TEXTO COMENTADO POR CAIO MÁRIO:

Idêntico ao do Código Civil.

Fontes: Código de 1916, art. 931; Projeto de Código de Obrigações de 1965, art. 190; Projeto de 1975, art. 303.

COMENTÁRIO

1. Se o pagamento é efetuado por um terceiro interessado, ou por um terceiro não interessado em nome e por conta do devedor, tem o direito ao reembolso do que pagou, e ainda se sub-roga nos direitos do credor. Reversamente, se o terceiro não interessado paga em seu próprio nome, tem direito ao reembolso do que tiver pago, porque dentro desse limite liberou o devedor. O princípio deve compreender o pagamento sem autorização do devedor, ou se ocorrer oposição injustificada deste, pois, numa ou noutra hipótese, ele se beneficiou, e não é justo que se locuplete à custa de terceiro. É o que se enunciava no Direito Romano, ao dizer GAIO que é lícito pagar na ignorância ou contra a vontade do devedor – *solvere pro ignorante et invito debitore cuique licet.*

O artigo distingue, todavia, entre o reembolso do despendido e a sub-rogação nos direitos do credor. A restituição do que pagou é o meio de se cobrir do que beneficiou o devedor. A sub-rogação importa em assumir todos os direitos e vantagens do credor, que não se concede ao terceiro não interessado que paga em seu próprio nome.

2. Sendo a obrigação a termo, e antecipando-se a este o terceiro não interessado que paga em seu próprio nome, não pode compelir o devedor a reembolsá-lo antes do vencimento. Terá de aguardar o escoamento do prazo.

Texto do Código Civil de 2002:

Art. 306. O pagamento feito por terceiro, com desconhecimento ou oposição do devedor, não obriga a reembolsar aquele que pagou, se o devedor tinha meios para ilidir a ação.

Texto comentado por Caio Mário:

Idêntico ao do Código Civil.

Fontes: Projeto de Código de Obrigações de 1965, art. 191; Projeto de 1975, art. 304.

COMENTÁRIO

O devedor pode ter meios para se defender na ação que contra ele venha a intentar o credor. Se o terceiro, com desconhecimento ou oposição do devedor – *ignorante vel invito debitore* –, se lhe antecipa e paga, não lhe assiste o direito de reembolsar-se. A faculdade de intentar a ação regressiva – *de in rem verso* – tem por fundamento impedir que o devedor se beneficie injustamente e se locuplete à custa do *solvens.* Daí estabelecer o Código de 1916 (art. 932) que o devedor era obrigado a reembolsar o terceiro até a importância em que o pagamento lhe foi proveitoso. Se o devedor dispõe de meios para ilidir a ação, desaparece o proveito da *solutio*, e, portanto, descabe o reembolso. E o dispositivo tem em vista qualquer que seja a exceção, de natureza pessoal do devedor, ou extintiva da obrigação.

Texto do Código Civil de 2002:

Art. 307. Só terá eficácia o pagamento que importar transmissão da propriedade, quando feito por quem possa alienar o objeto em que ele consistiu.

Parágrafo único. Se se der em pagamento coisa fungível, não se poderá mais reclamar do credor que, de boa-fé, a recebeu e consumiu, ainda que o solvente não tivesse o direito de aliená-la.

Texto comentado por Caio Mário:

Idêntico ao do Código Civil.

Fontes: Projeto de Código Civil de 1916, art. 933; Projeto de Código de Obrigações de 1965, art. 192; Projeto de 1975, art. 305.

COMENTÁRIO

1. O artigo tem em vista modalidade de solução que constitui tipicamente um negócio jurídico. Não se realiza mediante a entrega de uma coisa, ou realização de um fato. Completa-se com a transmissão da propriedade ao *accipiens.* Em tal caso, além da capacidade genérica para os atos da vida civil, o artigo requer a específica para alienação do objeto, seja em razão da própria pessoa do *solvens*, seja por motivo de ter a disponibilidade dele.

2. A coisa transferida pode ser fungível ou infungível. No primeiro caso, não tem cabida a repetição, se o *accipiens* recebeu de boa-fé, isto é, ignorando que o devedor não tinha o poder de aliená-la, e a consumiu, qualquer que seja a forma por que o fez.

3. Se a coisa for infungível ou não estiver ainda consumida, o prejudicado com o pagamento tem ação para pedir a restituição dela ao *accipiens*, mesmo que esteja este de boa-fé ao receber.

4. Em qualquer caso, o prejudicado tem ação contra o *solvens* para indenizar-se do dano sofrido, além de incorrer este na ação penal que no caso couber, em razão do procedimento ilícito que possa caracterizar o pagamento efetuado.

Seção II
Daquele a Quem se Deve Pagar

TEXTO DO CÓDIGO CIVIL DE 2002:

Art. 308. O pagamento deve ser feito ao credor ou a quem de direito o represente, sob pena de só valer depois de por ele ratificado, ou tanto quanto reverter em seu proveito.

TEXTO COMENTADO POR CAIO MÁRIO:
Idêntico ao do Código Civil.

Fontes: Projeto de Código Civil de 1916, art. 934; Projeto de Código de Obrigações de 1965, art. 193; Projeto de 1975, art. 306.

COMENTÁRIO

1. Como o pagamento tem a dupla finalidade de liberar o devedor e satisfazer o credor, fundamentalmente deve ser feito a este.

O Código se refere ao credor ou a quem o represente. Credor é sujeito ativo da relação obrigacional, bem como o cessionário, o sub-rogado no crédito, o herdeiro, o legatário. A representação pode dar-se por força de lei ou convenção, ou oficiosamente. *Representante legal* é quem administra os interesses do credor por força ou autoridade da lei, como o pai, a mãe, o tutor. *Representante convencional* é o mandatário, munido de poderes bastantes. Inscreve-se, ainda, como representante convencional aquele que é portador de autorização para receber, ou de instrumento da quitação, ou ainda do título da dívida, se for o caso em que este se resolva com o pagamento. É o que o Direito Romano dizia - *adiectus solutionis causa* (art. 311). Se o devedor pagar a quem oficiosamente faz as vezes de credor (gestor de negócios), é válido o pagamento.

Pode ocorrer, ainda, o caso de se estabelecer a representação judicial do credor, na figura processual do depositário, do administrador designado pelo juiz.

Em se tratando de solidariedade ativa, o devedor pode pagar a qualquer dos credores solidários, salvo no caso de prevenção judicial, que ocorre se um deles demandar judicialmente o pagamento, em que a solução somente é válida, e extingue o vínculo obrigacional, quando feito a ele.

Se se tratar de obrigação divisível e forem vários os credores, o devedor pagará a cada um a sua parte. Mas se for indivisível, o pagamento será feito a todos em conjunto, ou ao que estiver autorizado pelos demais, ou ao que prestar caução de ratificação.

2. Se não forem observadas as condições subjetivas previstas da titularidade do crédito ou da representação, o pagamento não é válido, e, portanto, não libera o devedor nem extingue a dívida. A ratificação posterior, do credor, tem o efeito de convalidar a solução que era inábil a quitar o devedor.

Independentemente de ser ratificado pelo credor, o *solvens* tem a seu benefício a defesa fundada na versão útil. A lei não se compadece com o locupletamento injusto do credor. Se a *solutio* reverteu em proveito deste, é válido o pagamento, até o montante em que ele se beneficiou.

Texto do Código Civil de 2002:

Art. 309. O pagamento feito de boa-fé ao credor putativo é válido, ainda provado depois que não era credor.

Texto comentado por Caio Mário:
Idêntico ao do Código Civil.

Fontes: Projeto de Código Civil de 1916, art. 935; Projeto de Código de Obrigações de 1965, art. 194; Projeto de 1975, art. 307.

COMENTÁRIO

1. Chama-se credor putativo a pessoa que, embora não sendo o credor, guarda a aparência de o ser. A validade da solução é subordinada a dois requisitos: haver motivo para que possa o *accipiens* ter a presunção de ser o credor, e estar o *solvens* de boa-fé. No primeiro caso, credor putativo será o primitivo credor, se o devedor não tem conhecimento da cessão de crédito; o portador de título de crédito, ainda que dele tenha sido desapossado o credor; o herdeiro aparente; o legatário cujo legado não prevaleceu ou caducou. De boa-fé se diz o *solvens*, se ignora que aquele que se lhe apresenta como credor não tem esta qualidade. Estando o devedor de má-fé, não é válido o pagamento ao credor aparente.

2. Preenchidos esses requisitos, não pode o verdadeiro credor agir contra o devedor, invocando a sua qualidade, ainda que evidenciada em juízo, porque até o momento em que isto ocorra o credor putativo passa como sendo o sujeito ativo da obrigação. A *solutio* nas mãos do credor putativo extingue a obrigação, e libera o devedor. Ao verdadeiro credor restará, entretanto, agir contra o credor putativo que receber a prestação, para dele recobrar o montante desta.

A validade do pagamento feito ao credor putativo constitui matéria de fato, a ser apreciada diante das circunstâncias de cada caso, tendo-se em vista a verificação da posse de estado de credor (OROZIMBO NONATO).

TEXTO DO CÓDIGO CIVIL DE 2002:

Art. 310. Não vale o pagamento cientemente feito ao credor incapaz de quitar, se o devedor não provar que em benefício dele efetivamente reverteu.

TEXTO COMENTADO POR CAIO MÁRIO:

Idêntico ao do Código Civil.

Fontes: Projeto de Código Civil de 1916, art. 936; Projeto de Código de Obrigações de 1965, arts. 196 e 197; Projeto de 1975, art. 308.

COMENTÁRIO

1. O pagamento é ato do devedor, mas a quitação é passada pelo credor. Se este é incapaz, falta-lhe a habilitação legal para a liberação. Efetuada a solução, neste caso, não tem validade, não extingue a obrigação. Excepcionalmente, entretanto, pode ter eficácia. Em primeiro lugar exige o artigo a ciência do devedor, sobre a incapacidade do credor. Pode ele ignorá-la, ou ser ilaqueado pelo *accipiens*, que se faça passar por capaz: em tal caso, a malícia com que se conduziu retira-lhe a exceção da idade –*malitia supplet aetatem*.

Em segundo lugar, se se trata de pessoa relativamente incapaz, poderá confirmar a quitação em vindo a cessar a incapacidade, com efeito-retro operante à data do pagamento.

Em terceiro lugar, a versão útil. Demonstrado o devedor que o pagamento reverteu em benefício do incapaz, não se justifica questionar a sua validade. O instituto da proteção ao incapaz visa a ampará-lo, e não a servir de pretexto para que ele se enriqueça injustamente.

2. Quanto ao relativamente incapaz, não há qualquer dúvida. Esta, no entanto, tem sido levantada em se tratando de pessoa absolutamente incapaz. Ainda neste caso prevalece o princípio. A uma porque a disposição não distingue, aludindo a incapaz genericamente. A duas, porque, se o ato praticado por pessoa absolutamente incapaz é nulo, a equidade condena o locupletamento às custas alheias. Revertendo o pagamento em seu benefício, seria injurídico impor ao *solvens* efetuar novo pagamento, com empobrecimento próprio, para enriquecimento do *accipiens*.

TEXTO DO CÓDIGO CIVIL DE 2002:

Art. 311. Considera-se autorizado a receber o pagamento o portador da quitação, salvo se as circunstâncias contrariarem a presunção daí resultante.

TEXTO COMENTADO POR CAIO MÁRIO:
Idêntico ao do Código Civil.
Fontes: Projeto de Código Civil de 1916, art. 937; Projeto de 1975, art. 309.

COMENTÁRIO

O artigo presume que o portador de quitação, passada pelo credor, tem autorização para receber. É um complemento do que dispõe o art. 308, em cujo comentário aludo ao *adiectus solutionis causa*. Quem se apresentar ao devedor munido de quitação do credor, ou portando o título de crédito, naqueles casos em que a *solutio* opera-se contra a sua devolução, considera-se autorizado a receber. A presunção daí decorrente não é absoluta. É uma *praesumptio iuris tantum*, que cede à prova em contrário. O artigo sugere a comprovação de circunstâncias que convençam da irregularidade da posse do estado de credor. Cumpre, entretanto, apreciá-las em face da negligência ou má escolha do credor, que terá permitido a pessoa inidônea ter em seu poder a quitação ou título de dívida.

Se o devedor pagar a quem as circunstâncias demonstram não ser autorizado a receber, mas fica provada a versão útil, não será o caso de compeli-lo a pagar de novo. Na sustentação da validade da *solutio* é de se invocar o paralelismo com o pagamento ao incapaz, se mesmo neste caso é válido em se provando que reverteu em seu benefício, válido também será o efetuado a quem, posto que não autorizado a receber, gerou a consequência benéfica ao credor.

Texto do Código Civil de 2002:

Art. 312. Se o devedor pagar ao credor, apesar de intimado da penhora feita sobre o crédito, ou da impugnação a ele oposta por terceiros, o pagamento não valerá contra estes, que poderão constranger o devedor a pagar de novo, ficando-lhe ressalvado o regresso contra o credor.

Texto comentado por Caio Mário:

Idêntico ao do Código Civil.

Fontes: Código Civil de 1916, art. 938; Projeto de Código de Obrigações de 1965, art. 198; Projeto de 1975, art. 310.

Nota dos Atualizadores:

No Projeto, objeto dos comentários de Caio Mário, há referência ao art. 646 do Código de Processo Civil de 1973, que corresponde ao art. 824 do Código de Processo Civil de 2015. A nova lei disciplina a penhora de créditos nos arts. 855 a 860.

COMENTÁRIO

1. Trata-se, aqui, de pagamento efetuado ao credor real. A penhora feita sobre o crédito importa em expropriação (Código de Processo Civil de 1973, art. 646), retirando-o do poder do credor, para segurança do juízo. Intimado da penhora, o devedor não mais poderá pagar ao credor, cumprindo-lhe, para liberar-se da obrigação, consignar o pagamento ou depositá-lo no próprio juízo executório. Se, não obstante a intimação, paga ao seu credor, estará procedendo, por malícia ou negligência, para fraudar o procedimento judicial, não lhe valendo como escusa estar sendo discutida a validade da penhora ou a liquidez do direito do credor. Na pendência de lide, falta a este a faculdade de receber e quitar.

2. Igualmente inválido é o pagamento efetuado após ser o devedor intimado da impugnação feita por terceiros, a qual tornou litigioso o crédito. A fim de obstar o pagamento, é mister se trate de impugnação eficaz, como a que se efetiva pela via judicial, ou por intermédio do Cartório de Títulos e Documentos. Não tem o mesmo efeito uma comunicação particular, que pode dar origem a fraudes.

3. Compelido o devedor a pagar de novo, pelos terceiros prejudicados com a *solutio*, tem o devedor ação de *in rem verso* contra o credor que receber após a penhora ou intimação.

Seção III
Do Objeto do Pagamento e Sua Prova

Texto do Código Civil de 2002:

Art. 313. O credor não é obrigado a receber prestação diversa da que lhe é devida, ainda que mais valiosa.

Texto comentado por Caio Mário:
Idêntico ao do Código Civil.

Fontes: Projeto de Código de Obrigações de 1965, art. 199; Projeto de 1975, art. 311.

COMENTÁRIO

1. A extinção da obrigação requer identidade entre o objeto do pagamento e a prestação. A entrega de coisa diversa da devida não pode ser imposta ao credor, e, portanto, não solve a obrigação: *aliud pro alio, invito creditore, solvi non potest*. Para que tenha efeito liberatório, a prestação diversa da devida requer anuência do credor, e constitui a dação em pagamento (art. 356). Oferecida, judicial ou extrajudicialmente, coisa diversa do que é objeto da obrigação, pode o credor validamente recusar.

2. Reversamente, não pode o devedor ser compelido a prestar coisa diversa *da res debita*, ainda que menos valiosa. Se não tiver o devedor condições de pagar o devido, cabe ao credor valer-se de via judicial, para obter o seu equivalente.

Texto do Código Civil de 2002:

Art. 314. Ainda que a obrigação tenha por objeto prestação divisível, não pode o credor ser obrigado a receber, nem o devedor a pagar, por partes, se assim não se ajustou.

TEXTO COMENTADO POR CAIO MÁRIO:

Idêntico ao do Código Civil.

Fontes: Projeto de Código de Obrigações de 1965, art. 199, parágrafo único; Projeto de 1975, art. 312.

COMENTÁRIO

1. Ao disciplinar a obrigação divisível, o Código estabelece o fracionamento da prestação, na pluralidade subjetiva (art. 257). Na unidade de credor ou de devedor, o pagamento será por inteiro, ainda que o objeto da obrigação seja divisível.

2. O princípio não tem, contudo, caráter absoluto. Pode ser ilidido pela convenção em contrário. Não é mister, entretanto, o ajuste expresso. Pode ele constar no título da obrigação ou em instrumento separado. Pode, mesmo, resultar de manifestação tácita, quando o credor recebe parcialmente a dívida, ou o devedor paga-a por partes, sem oposição de um ou de outro.

3. Caberá, ainda, exceção advinda de disposição legal expressa, como ocorre com o Decreto nº 22.626, de 7 de abril de 1933, cujo art. 7º prevê a amortização da dívida antes do vencimento, o que equivale a atribuir validade a pagamento por partes.

TEXTO DO CÓDIGO CIVIL DE 2002:

Art. 315. As dívidas em dinheiro deverão ser pagas no vencimento, em moeda corrente e pelo valor nominal, salvo o disposto nos artigos subseqüentes.

TEXTO COMENTADO POR CAIO MÁRIO:

"Artigo 313. As dívidas em dinheiro poderão ser pagas em moeda corrente e pelo seu valor nominal."

Fontes: Projeto de Código de Obrigações de 1965, art. 142; Projeto de 1975, art. 313.

NOTA DOS ATUALIZADORES:

À diferença do texto do Projeto, objeto dos comentários de Caio Mário, que empregava o verbo "poder", o art. 315 do Código

Civil prevê que as dívidas em dinheiro "deverão" ser pagas em moeda corrente, pelo seu valor nominal. No comentário abaixo, o autor alude à legislação anteriormente em vigor, então consolidada pelo Decreto-Lei nº 857, de 11 de setembro de 1969, que adotava expressamente o princípio do nominalismo, também disciplinado, atualmente, na Lei nº 10.192, de 14 de fevereiro de 2001.

COMENTÁRIO

1. Cogita o Código, neste e nos artigos subsequentes, das obrigações de prestação pecuniária, de cuja disciplina o meu Projeto de Código de Obrigações de 1965 teve a iniciativa. A disposição compreende as dívidas que desde a origem tenham por objeto o pagamento em dinheiro, e bem assim toda outra que se converta em prestação pecuniária equivalente à que se impossibilitou; ressarcimento de perdas e danos; e indenização por ato ilícito. Em qualquer desses casos, ou de outros que se lhes assemelhem, o devedor libera-se mediante o pagamento de uma soma em dinheiro.

2. Quem deve dinheiro, libera-se entregando ao credor a expressão monetária correspondente. Paga em moeda. Não pode, entretanto, compelir o credor a receber coisas diversas de dinheiro, ainda que dotadas de valor econômico.

3. O dinheiro, como denominador comum dos valores, tem o efeito de extinguir a obrigação. Para isto sujeita-se a certas normas, que se assentam em conceitos básicos.

Chama-se *curso legal* o poder que tem a moeda de um país de importar na quitação da dívida e liberação do devedor. À moeda dotada de curso legal, dá-se também o nome de moeda corrente. É a que circula, dotada, pela legislação nacional, do poder liberatório.

Diz-se que a moeda tem *curso forçado*, quando a lei determina que um certo padrão monetário, dotado de curso legal, tem de ser aceito pelo credor pelo seu valor nominal, não obstante qualquer oscilação no seu poder de troca, ou valor comercial, entre a data da obrigação e a do pagamento.

O Direito brasileiro, tendo em vista a situação conjuntural por que o País vem passando, instituiu a teoria nominalista, esboçada em vários diplomas anteriores, porém estabelecida no Decreto nº 23.501, de 27 de novembro de 1933, alterado por numerosa legislação posterior e consolidada pelo Decreto-Lei nº 857, de 11 de setembro de 1969.

4. O art. 315 é expressão dessa política, e dá seguimento ao regime de curso forçado, vigorante no País. As dívidas em dinheiro devem ser pagas em moeda corrente, isto é, moeda de curso legal, e pelo seu *valor nominal*, isto é, aquele que o Estado lhe impõe, e que, pelo fato de ser objeto compulsório dos pagamentos, é dotado de curso forçado.

Texto do Código Civil de 2002:

Art. 316. É lícito convencionar o aumento progressivo de prestações sucessivas.

Texto comentado por Caio Mário:

"Artigo 314. São nulas as cláusulas de revalorização da moeda, excetuados os casos previstos em lei, ou quando se tratar de dívida de valor.

Parágrafo único. É lícito, porém, convencionar o aumento progressivo de prestações sucessivas."

Fontes: Projeto de Código de Obrigações de 1965, art. 144; Projeto de 1975, art. 314.

Nota dos Atualizadores:

Embora tenha sido alterada a redação do texto do Projeto, objeto dos comentários de Caio Mário, continuam a existir exceções ao princípio do nominalismo. Designadamente, para além das dívidas de valor, tais exceções encontram-se disciplinadas no Decreto-Lei nº 857, de 11 de setembro de 1969, e na Lei nº 10.192, de 14 de fevereiro de 2001. Esta lei ainda prevê, no art. 2º, que a estipulação de correção monetária ou de reajustes por índices somente terá lugar em contratos com duração igual ou superior a um ano. As normas que permitem a correção monetária, citadas por Caio Mário, permanecem em vigor: a Lei nº 4.380, de 21 de agosto de 1964, no art. 5º, a prevê para o Sistema Financeiro da Habitação; a Lei nº 6.899, de 8 de abril de 1981, e o Decreto nº 86.649, de 25 de novembro de 1981, a preveem para os débitos judiciais.

COMENTÁRIO

1. O Código estabelece uma regra, e simultaneamente perfura-a de algumas exceções. Decorrência do regime de curso forçado é ser instituído com o caráter de ordem pública. Dívida em dinheiro deve ser paga em moeda corrente pelo seu valor nominal, diz o artigo anterior. Em consequência, não podem as partes convencionar livremente a correção do valor da prestação, revalorizando a moeda de pagamento, sob pena de nulidade.

2. Casos há em que a lei autoriza, expressamente, o reajuste do valor monetário da prestação, como ocorre na aquisição de imóvel pelo Sistema Financeiro de Habitação. Sempre que houver disposição especial autorizativa, é válida a revalorização da moeda.

3. Corrige-se esta, igualmente, quando se tratar de *dívida de valor*. Distingue-se a dívida de valor da dívida de dinheiro, em que corresponde a um débito vinculado à remuneração de um bem, serviço ou, genericamente, obrigação, na qual a soma de dinheiro representando a prestação é paga como meio financeiro de medir o valor real da mesma.

São dívidas de valor, por exemplo, as correspondentes a indenizações, à aquisição de bens suscetíveis de valorização, às prestações alimentares.

4. Outra hipótese em que é permitida a revalorização da moeda de pagamento é a que corresponde às prestações sucessivas. Tendo em vista que a moeda de pagamento perde poder aquisitivo ao longo do tempo, o equilíbrio entre o valor real da dívida e a expressão monetária correspondente só se mantém mediante o aumento progressivo, ou percentual das prestações.

5. Por força do disposto na Lei nº 6.899, de 8 de abril de 1981, e no Decreto nº 86.649, de 25 de novembro de 1981, ficou estabelecida a correção monetária para todas as dívidas cobradas judicialmente, independentemente de ter sido estipulada a revalorização da moeda.

Texto do Código Civil de 2002:

Art. 317. Quando, por motivos imprevisíveis, sobrevier desproporção manifesta entre o valor da prestação devida e o do momento de sua execução, poderá o juiz corrigi-lo, a pedido da parte, de modo que assegure, quanto possível, o valor real da prestação.

Texto comentado por Caio Mário:

"Art. 315. Quando, pela desvalorização, ocorrer desproporção manifesta entre o valor da prestação devida e o do momento de sua execução, poderá o juiz corrigi-lo, a pedido da parte, de modo que assegure, quanto possível, a equivalência das prestações."

Fontes: Projeto de Código de Obrigações de 1965, art. 145; Projeto de 1975, art. 315.

Nota dos Atualizadores:

Diferentemente do texto do Projeto, objeto dos comentários de Caio Mário, a redação final do art. 317 do Código Civil condiciona a correção do valor da prestação à existência de motivos imprevisíveis, que a tornem manifestamente desproporcional. Assim, a incidência do dispositivo passou a reclamar a presença de um dos pressupostos também exigidos à caracterização da onerosidade excessiva superveniente, regida pelos arts. 478 a 480 do Código Civil.

COMENTÁRIO

1. Este artigo é reprodução do de nº 145 de meu Projeto de Código de Obrigações de 1965. Mas, naquele, eu tive a cautela de fazer constar, no seu parágrafo único, que a disposição se aplicaria estritamente aos casos de indenização e alimentos. Considerando que, nestas hipóteses, trata-se de dívida de valor, o Projeto de 1965 instituiu o poder revisionista das dívidas de alimentos e de ressarcimento por ato ilícito. A intervenção do juiz na economia da obrigação, em tais casos, justifica-se.

2. Transposto aquele artigo para o novo Código, porém amputado seu parágrafo único, ficou instituída a correção monetária em todas as dívidas, tanto as de valor quanto as de dinheiro, e criou-se uma contradição flagrante entre os arts. 315 e 317. O primeiro manteve o curso forçado da moeda corrente. Mas vem o segundo e permite ao juiz, a pedido da parte, corrigir o valor da prestação, com fundamento na desvalorização da moeda. Vivendo o País em regime de inflação crônica, que impõe, como uma constante, a depreciação monetária, resulta que a intervenção judicial caberá sempre, a pretexto de preservar o equilíbrio das prestações.

3. Para evitar que o Código consagre uma flagrante incongruência, será necessário interpretar o art. 317 em conciliação com o art. 315, mediante critérios objetivo e subjetivo. O art. 317, não podendo brigar com o art. 315, somente poderá aplicar-se nos casos de dívida de valor, na conformidade do que estatui o art. 316. Referindo-se o art. 317[art. 315 do Projeto] à "equivalência das prestações", está adstrito às dívidas resultantes de contratos bilaterais, isto é, daqueles que geram obrigações para ambas as partes. Demais disso, não constituindo disposição de ordem pública, poderá ser afastada a sua aplicação pela convenção entre as partes.

4. Velha é a regra de hermenêutica, proclamando ser injurídico isolar uma partícula da lei, para entendê-la desligada do complexo a que pertence: *incivile est, nisi tota lege perspecta, una aliqua particula eius proposita, iudica revel respondere.* Em reforço da interpretação que apresento, estabelece o artigo seguinte (art. 318) ser nula toda convenção destinada a compensar a diferença entre o valor da moeda estrangeira e o da moeda nacional. Imprime o Código, então, maior vigor ao regime nominalista. E, se interdiz a cláusula compensatória que desprestigia a dívida de dinheiro, com mais razão há de proibir que o juiz intervenha arbitrariamente na economia do contrato.

TEXTO DO CÓDIGO CIVIL DE 2002:

Art. 318. São nulas as convenções de pagamento em ouro ou em moeda estrangeira, bem como para compensar a diferença entre o valor desta e o da moeda nacional, excetuados os casos previstos na legislação especial.

TEXTO COMENTADO POR CAIO MÁRIO:

Idêntico ao do Código Civil.

Fontes: Projeto de Código de Obrigações de 1965, art. 143; Projeto de Código de Obrigações.

NOTA DOS ATUALIZADORES:

No comentário abaixo, Caio Mário alude à legislação então vigente, consolidada pelo Decreto-Lei nº 857, de 11 de setembro de 1969, que estabelece o princípio do nominalismo e o curso forçado da moeda. Em adição a essa lei, ainda em vigor, tanto o princípio do nominalismo quanto o curso forçado da moeda encontram-se também disciplinados na Lei nº 10.192, de 14 de fevereiro de 2001. Em ambas as leis, há exceções ao princípio do nominalismo e ao curso forçado da moeda. A maior parte da legislação referida por Caio Mário continua em vigor, a saber: a Lei nº 4.131, de 03 de setembro de 1962, para empréstimos contraídos junto a estabelecimentos bancários estrangeiros; a Lei nº 4.380, de 21 de agosto de 1964, para o Sistema Financeiro da Habitação; e a Lei nº 4.591, de 16 de dezembro de 1964, para condomínios e incorporações. Na normativa do Banco Central, a Resolução nº 63, de 21 de agosto de 1967 foi revogada pela Resolução nº 2.770, de 30 de agosto de 2000, que, por sua vez, foi revogada pela Resolução nº 3.844, de 23 de março de 2010, atualmente em vigor.

COMENTÁRIO

1. Dentro do mesmo regime de curso forçado, que o art. 315 reflete, o presente artigo proíbe cláusula-ouro, a cláusula-moeda estrangeira, e bem assim toda convenção que por qualquer meio restrinja ou recuse, nos seus efeitos, o curso legal da moeda nacional.

Dentro do regime livre-cambista do Código Civil de 1916, era livre a estipulação do pagamento em qualquer espécie monetária (art. 947 e seus parágrafos). Com o Decreto nº 23.501, de 27 de novembro de 1933, foi instituída a proibição de tais convenções. Numerosa legislação posterior introduziu-lhe modificações, e o Decreto-Lei nº 857, de 11 de setembro de 1969, revogou as leis esparsas e consolidou as normas atinentes ao assunto. Por força deste diploma, ficou estabelecida, para todos os títulos e obrigações exequíveis no Brasil, a nulidade de toda estipulação em ouro, em moeda estrangeira ou restritiva de circulação do poder liberatório de moeda nacional. Abriu, entretanto, o mesmo diploma legal as seguintes exceções:

I – contratos e títulos referentes a importação ou exportação de mercadorias;

II – contratos de financiamento ou prestação de garantias, relativas às operações de exportação de bens de produção nacional, vendidos a crédito para o exterior;

III – contratos de compra e venda de câmbio em geral;

IV – empréstimos e quaisquer outras obrigações, cujo credor ou devedor seja pessoa residente e domiciliada no exterior, excetuados os contratos de locação de imóveis situados no território nacional;

V – contratos que tenham por objeto a cessão, transferência, delegação, assunção ou modificação das obrigações compreendidas nas alíneas anteriores, ainda que ambas as partes contratantes sejam pessoas residentes ou domiciliadas no País.

Dentro neste regime, as instituições financeiras foram autorizadas pela Resolução nº 63, de 21 de agosto de 1967, expedida pelo Banco Central, a repassar a empresas nacionais empréstimos tomados no exterior.

O art. 318 manteve as mesmas proibições, e, ao fazer alusão aos casos previstos em lei especial, consagrou estas exceções, e outras legalmente admitidas. Entre elas estão os empréstimos diretos de empresas brasileiras em estabelecimentos bancários estrangeiros, regulados pela Lei nº 4.131, de 3 de setembro de 1962.

2. Tendo a inflação criado enorme disparidade entre o valor nominal da moeda e seu poder aquisitivo, fórmulas atenuadoras dos males nominalistas foram imaginadas, destacando-se as cláusulas monetárias e as cláusulas econômicas, apostas aos contratos de execução diferida ou sucessiva. Dentre elas, destacam-se as "cláusulas de escala móvel" (*escalator clause, clause d'échelle mobile*); a "cláusula-mercadoria" vinculando a prestação ao valor de determinada mercadoria; a cláusula que subordina o pagamento à variação geral arbitrada do custo de vida (cláusula *index number*).

Embora moralmente admissíveis, por ampararem o credor contra o efeito corrosivo da desvalorização monetária, não podem ser deixadas ao livre-arbítrio dos contratantes, porque podem ter o efeito de agravar ainda mais a inflação, e atingir a economia do devedor.

Mantendo o artigo o policiamento das convenções que tendam a contrabalançar a diferença entre o valor da moeda nacional e o das moedas estrangeiras, excetuados os casos previstos na legislação especial, o que, na verdade fez, em conjugação com os arts. 315 e 316, foi coibir a livre estipulação das cláusulas monetárias e das cláusulas econômicas, tal como constava de meu Projeto de Código de Obrigações de 1965 (art. 144), excetuados os casos e limites constantes da lei.

Dentre as situações em que cabe a estipulação de reajuste das prestações, citam-se os contratos de empreitada; incorporação de edifícios coletivos; financiamentos para aquisição de imóvel no Sistema Financeiro de Habitação; locação de prédios urbanos.

Texto do Código Civil de 2002:

Art. 319. O devedor que paga tem direito a quitação regular, e pode reter o pagamento, enquanto não lhe seja dada.

Texto comentado por Caio Mário:

Idêntico ao do Código Civil.

Fontes: Projeto de Código Civil de 1916, art. 939; Projeto de Código de Obrigações de 1965, art. 200; Projeto de 1975, art. 317.

COMENTÁRIO

1. Obrigação fundamental do devedor é o pagamento. Enquanto não o efetua, está sujeito às consequências do vínculo obrigacional, e, em particular, dos efeitos do inadimplemento. Pagando, tem direito à quitação do credor, para prova de sua efetivação, uma vez que o *onus probandi* compete ao devedor solvente ou ao seu representante, ou seja, a quem alega a solução (ALFREDO COLMO).

O Código não exige forma especial para o instrumento da quitação. Vale, portanto, a que é passada por instrumento público, ou particular, firmado pelo devedor ou seu representante. Admite-se, ainda, a quitação presumida, quando a lei assim dispõe (arts. 321; 322; 323, *e.g.*).

2. Correlato do direito do devedor à quitação é o dever do credor a passar-lhe regularmente o instrumento respectivo. Enquanto não o faz, é lícito ao devedor reter o pagamento, como, ainda, oferece-lhe o Código a via hábil de se livrar da obrigação, consignando a coisa ou quantia devida (art. 335, I), valendo a sentença como prova da *solutio*.

3. O recibo prova a liberação do devedor. Admitir-se-á, contudo, a reabertura do débito se as circunstâncias convencerem, após emitida a quitação, de que a prestação devida não foi efetivamente realizada, ou integralmente realizada (LARENZ).

Texto do Código Civil de 2002:

Art. 320. A quitação, que sempre poderá ser dada por instrumento particular, designará o valor e a espécie da dívida quitada, o nome do devedor, ou quem por este pagou, o tempo e o lugar do pagamento, com a assinatura do credor, ou do seu representante.

Parágrafo único. Ainda sem os requisitos estabelecidos neste artigo valerá a quitação, se de seus termos ou das circunstâncias resultar haver sido paga a dívida.

TEXTO COMENTADO POR CAIO MÁRIO:
Idêntico ao do Código Civil.
Fontes: Projeto de Código Civil de 1916, art. 940; Projeto de Código de Obrigações de 1965, art. 201; Projeto de 1975, art. 318.

COMENTÁRIO

O Código discrimina os dados que a quitação deve conter, sem, contudo, erigi-los em requisitos essenciais. Mais do que o *caput* do artigo, vigora o contexto do parágrafo único, admitindo que, independentemente deles, fazem certo o pagamento os termos da quitação ou as circunstâncias. Entre uns e outros, citam-se a menção genérica da obrigação, ao invés do valor e espécie da dívida (SERPA LOPES); a indicação do devedor fora do texto da quitação, se for induvidosa (OROZIMBO NONATO); a ausência de assinatura do credor se o instrumento for inequivocamente passado por ele e se as circunstâncias concluírem pela existência do pagamento (OROZIMBO NONATO); o lançamento da quantia na conta corrente.

TEXTO DO CÓDIGO CIVIL DE 2002:

Art. 321. Nos débitos, cuja quitação consista na devolução do título, perdido este, poderá o devedor exigir, retendo o pagamento, declaração do credor que inutilize o título desaparecido.

TEXTO COMENTADO POR CAIO MÁRIO:
Idêntico ao do Código Civil.
Fontes: Projeto de Código Civil de 1916, art. 942; Projeto de Código de Obrigações de 1965, art. 200, § 2º; Projeto de 1975, art. 319.

COMENTÁRIO

Prevê o Código aquelas situações em que a quitação consiste na devolução do título. O credor não pode recusar a sua restituição ao *solvens*. Se o fizer, este recusará licitamente o pagamento. Se estiver perdido, o credor deverá ao devedor declaração, tornando-o sem efeito, sob pena de reter ele o pagamento.

O Projeto de Código de Obrigações de 1965 aludia expressamente aos títulos ao portador ou à ordem, admitindo o pagamento contra declaração expressa do credor, inutilizando-o.

Se não se tratar de perda do título ou impossibilidade de restituição, não tem o credor direito ao pagamento sem que o faça. BEVILÁQUA ressalva, contudo, as hipóteses em que o pagamento não extingue totalmente a dívida ou sirva o título de prova de outro direito, ou nele figurem outros devedores. Em tais casos, considera lícita a retenção pelo credor.

Texto do Código Civil de 2002:

Art. 322. Quando o pagamento for em quotas periódicas, a quitação da última estabelece, até prova em contrário, a presunção de estarem solvidas as anteriores.

Texto comentado por Caio Mário:
Idêntico ao do Código Civil.
Fontes: Projeto de Código Civil de 1916, art. 943; Projeto de Código de Obrigações de 1965, art. 202; Projeto de 1975, art. 320.

COMENTÁRIO

Este é um caso de quitação presumida, tendo, no entanto, o cuidado de acrescentar que se trata de presunção *iuris tantum*, porque cede à prova em contrário. Pode ser afastada por declaração no próprio título, ou resultar mesmo das circunstâncias. Cabe ao credor, no caso, a prova em contrário, porque a presunção é instituída em benefício do devedor, e, se o credor alega que as prestações anteriores são ainda devidas, a ele incumbe o *onus probandi*.

Texto do Código Civil de 2002:

Art. 323. Sendo a quitação do capital sem reserva dos juros, estes presumem-se pagos.

Texto comentado por Caio Mário:
Idêntico ao do Código Civil.
Fontes: Projeto de Código Civil de 1916, art. 944; Projeto de Código de Obrigações de 1965, art. 203; Projeto de 1975, art. 321.

COMENTÁRIO

Em torno do princípio contido neste artigo, a controvérsia que se estabelece sobre a natureza da presunção, a saber: se é absoluta (*iuris et de iure*) como sustenta BEVILÁQUA, ou relativa (*iuris tantum*) como afirma OROZIMBO NONATO. O meu Projeto de Código de Obrigações (art. 203) esclareceu o assunto, inclinando-se para a relatividade, por admitir prova em contrário.

Nesta, como em tantas outras, seria a oportunidade de o novo Código tomar uma definição. Não o tendo feito, deixou em aberto a questão ao sabor das divergências doutrinárias e das vacilações jurisprudenciais.

Mais curial será que se tenha a presunção como relativa, não só porque as presunções *iuris et de iure* são excepcionais, como ainda que a regra segundo a qual o acessório segue o principal – *accessorium sequitur principale* não tem caráter absoluto (cf. minhas *Instituições de Direito Civil*, vol. II, nº 157).

Texto do Código Civil de 2002:

Art. 324. A entrega do título ao devedor firma a presunção do pagamento.

Parágrafo único. Ficará sem efeito a quitação assim operada se o credor provar, em sessenta dias, a falta do pagamento.

Texto comentado por Caio Mário:

Idêntico ao do Código Civil.

Fontes: Projeto de Código Civil de 1916, art. 945; Projeto de Código de Obrigações de 1965, art. 204; Projeto de 1975, art. 322.

COMENTÁRIO

O novo Código mantém o princípio de quitação presumida, que o de 1916 assentava em disposição algo controvertida. O que do artigo 324 se infere é que a entrega do título, feita voluntariamente, estabelece em benefício do devedor a presunção de que foi feito o pagamento. Não se verifica em todos os casos, porém naqueles em que a quitação consiste na devolução do título (art. 321). Assenta a presunção no fato de que o título não estaria, razoavelmente, em poder do devedor sem que este solvesse a obrigação.

Para ilidir a presunção decorrente deste fato, cabe ao credor demonstrar que foi ilegitimamente desapossado do título, e por esta razão veio ele ter às mãos do devedor. Para oferecer tal prova, tem o credor o prazo de sessenta dias. Trata-se de um caso de decadência, que deve ser razoavelmente bem compreendido. Cabe ao credor ingressar em juízo com a ação respectiva, e assim assegurar o seu direito, ainda que a produção efetiva da prova ocorra após decorridos mais de sessenta dias.

Nos termos do dispositivo, a presunção de pagamento é restrita, aqui, à entrega do título da dívida. Para a quitação por outro meio, por declaração contida em instrumento público ou particular, o credor não está inibido de provar que se origina em erro ou dolo, nem fica adstrito ao prazo decadencial de sessenta dias.

Texto do Código Civil de 2002:

Art. 325. Presumem-se a cargo do devedor as despesas com o pagamento e a quitação; se ocorrer aumento por fato do credor, suportará este a despesa acrescida.

Texto comentado por Caio Mário:

Idêntico ao do Código Civil.

Fontes: Projeto de Código Civil de 1916, art. 946; Projeto de Código de Obrigações de 1965, art. 205; Projeto de 1975, art. 323.

COMENTÁRIO

O Projeto de Código de Obrigação de 1965 restringia a presunção às despesas "extrajudiciais" com o pagamento e a quitação. E assim deve ser entendido. O dispositivo não especifica a que despesas se refere. Podem ser com a própria coisa (transporte, verificação, etc.) ou de natureza jurídica, inclusive tributárias ou fiscais.

Também neste caso a presunção não é *iuris et de iure*. Cede à convenção em contrário, ou à ocorrência de disposição especial que inverta o ônus.

Pelas despesas acrescidas a que der causa, responde o credor.

TEXTO DO CÓDIGO CIVIL DE 2002:

Art. 326. Se o pagamento se houver de fazer por medida, ou peso, entender-se-á, no silêncio das partes, que aceitaram os do lugar da execução.

TEXTO COMENTADO POR CAIO MÁRIO:
Idêntico ao do Código Civil.
Fontes: Projeto de Código Civil de 1916, art. 949; Projeto de 1975, art. 324.

COMENTÁRIO

A disposição tinha mais cabimento no Código de 1916, quando ainda eram de uso medidas e pesos variáveis de lugar a lugar. Com a utilização generalizada do sistema métrico decimal, perdeu importância. Significa, no entanto, que as partes podem convencionar a adoção de critérios diferentes de mensuração. Se o tiverem feito, prevalece a estipulação. No seu silêncio, deveria prevalecer o sistema vigente no País. O Código, entretanto, preferiu manter a presunção de que as partes escolheram o sistema de peso e de medida vigente no lugar do cumprimento da obrigação.

Mais curial seria que prevalecesse a presunção de que se aplique o sistema métrico decimal. Afastaria dúvidas, e dispensaria a prova de que em dado lugar se usa critério diferente, e eliminaria polêmicas e dissídios.

Seção IV
Do Lugar do Pagamento

TEXTO DO CÓDIGO CIVIL DE 2002:

Art. 327. Efetuar-se-á o pagamento no domicílio do devedor, salvo se as partes convencionarem diversamente, ou se o contrário resultar da lei, da natureza da obrigação ou das circunstâncias.

Parágrafo único. Designados dois ou mais lugares, cabe ao credor escolher entre eles.

TEXTO COMENTADO POR CAIO MÁRIO:
Idêntico ao do Código Civil.
Fontes: Projeto de Código Civil de 1916, art. 950; Projeto de Código de Obrigações de 1965, art. 206; Projeto de 1975, art. 325.

COMENTÁRIO

1. Usando neologismos com que o exprimem os doutrinadores, dizem que é quesível (*quérable, chiedibile*) a dívida se o credor tem de buscar o pagamento no domicílio do devedor, e portável (*portable, portabile*) quando é o devedor que tem de levar a prestação ao domicílio do credor.

Pelo nosso Direito, vigora a presunção de ser, em princípio, quesível a dívida, isto é, o pagamento, via de regra, efetua-se no domicílio do devedor. Aí deve o credor vir, ou mandar buscar a prestação.

2. Ilide-se a presunção, em primeiro lugar, pela convenção em contrário. A convenção inverte a proposição legal, cabendo ao devedor efetuar o pagamento no domicílio do credor. Também, em certos casos, disposição especial de lei pode determinar onde se cumpre a obrigação.

3. A natureza da obrigação é outro fator determinante do lugar do pagamento, como se verá no art. 328. Igualmente importante é a verificação das circunstâncias específicas do caso, quando inequivocamente autorizarem a conclusão de que é no domicílio do credor que se opera a execução.

4. Designados dois ou mais lugares, o Código mantém a escolha pelo credor, tal como no de 1916, e contrariamente ao Projeto de Código de Obrigações, que optava pelo domicílio do devedor, atendendo a que a indecisão ou a menção alternativa no título não deveriam agravar a situação do devedor.

5. A fixação do lugar do pagamento tem dupla relevância. Por um lado, é elemento determinante da apuração do inadimplemento da obrigação. Se a dívida for quesível, o credor não pode acusar o devedor de inadimplente sem ter evidenciado os meios de receber no domicílio dele. Reversamente, a falta de iniciativa do devedor, quando é dever seu levar a prestação ao domicílio do credor, implica em elemento de verificação de sua inadimplência. De outro lado, convencionado o lugar do pagamento, presume-se que aí se exercerão todo os direitos resultantes da obrigação.

TEXTO DO CÓDIGO CIVIL DE 2002:

Art. 328. Se o pagamento consistir na tradição de um imóvel, ou em prestações relativas a imóvel, far-se-á no lugar onde situado o bem.

Texto comentado por Caio Mário:
Idêntico ao do Código Civil.
Fontes: Código Civil de 1916, art. 951; Projeto de Código de Obrigações de 1965, art. 207; Projeto de 1975, art. 326.

COMENTÁRIO

1. O artigo repete literalmente o seu congênere do Código de 1916, não obstante todas as informações que contém. O princípio significa que a obrigação, cujo cumprimento consiste na tradição de um imóvel, executa-se no lugar da situação dele, pois que em outro lugar ele não se pode achar. A referência às "prestações relativas a imóvel", no Código revogado, fora muito criticada, porque nem toda prestação relativa a imóvel se efetua no lugar da situação dele, exemplificando-se com os aluguéis, que não são obrigatoriamente pagáveis no lugar da situação; somente as que se realizam diretamente nele (CLÓVIS BEVILÁQUA).

2. Por extensão, o disposto quanto aos imóveis é de se aplicar à *traditio* de coisa móvel, que consiste em corpo certo, e é por natureza, ou por força das circunstâncias, mantida em determinado lugar.

Texto do Código Civil de 2002:

Art. 329. Ocorrendo motivo grave para que se não efetue o pagamento no lugar determinado, poderá o devedor fazê-lo em outro, sem prejuízo para o credor.

Texto comentado por Caio Mário:
Idêntico ao do Código Civil.
Fontes: Projeto de Código de Obrigações de 1965, art. 208; Projeto de 1975, art. 327.

COMENTÁRIO

A disposição provém do meu Projeto de Código de Obrigações. Evidencia ela que as regras atinentes ao lugar do pagamento não devem ser tidas como absolutas. Podem receber temperamentos, em razão das circunstâncias de cada caso. Embora a obrigação se deva cumprir no lugar determinado, pode ocorrer motivo grave que o impeça, como, por exemplo, a sua inacessibilidade temporária, a impossibilidade de se locomover, o devedor ou o credor, no momento da *solutio*. Justificado o motivo, poderá ser realizada em lugar diverso, desde que, convém acrescentar, não traga prejuízo ao credor, ou não agrave a situação do devedor.

Texto do Código Civil de 2002:

Art. 330. O pagamento reiteradamente feito em outro local faz presumir renúncia do credor relativamente ao previsto no contrato.

Texto comentado por Caio Mário:
Idêntico ao do Código Civil.
Fontes: Projeto de Código de Obrigações de 1965, art. 209; Projeto de 1975, art. 328.

COMENTÁRIO

1. Obrigado o devedor a pagar no domicílio do credor, ou em outro lugar determinado, aí deve fazê-lo. Se, no entanto, for efetuada iterativamente a *solutio* em local diverso, sem que o credor oponha qualquer ressalva, presume-se que renunciou ao direito de receber no local convencionado.

2. Reversamente, se estabelecido que se faça no domicílio do devedor, se o credor o exigiu em lugar diferente, e o devedor se não opuser, considera-se perfeita a *solutio*, descabendo repetição de pagamento, por se entender que houve, da parte do *solvens*, renúncia ao benefício (OROZIMBO NONATO).

Seção V
Do Tempo do Pagamento

Texto do Código Civil de 2002:

Art. 331. Salvo disposição legal em contrário, não tendo sido ajustada época para o pagamento, pode o credor exigi-lo imediatamente.

Texto comentado por Caio Mário:
Idêntico ao do Código Civil.
Fontes: Código Civil de 1916, art. 952; Projeto de Código de Obrigações de 1965, art. 210; Projeto de 1975, art. 329.

COMENTÁRIO

1. As regras relativas ao tempo do pagamento reúnem interesse teórico à sua importância prática. Cabe às partes determinar o momento em que a obrigação deve ser cumprida. Na falta de ajuste, e de disposição legal, a determinar o termo, a obrigação é exigível imediatamente, como a ciência romana estabelecia: *quod sine die debetur statim debetur*. A instantaneidade da exigência do credor não constitui surpresa para o devedor, que não se acoberta com a estipulação de um prazo. Admite-se, entretanto, que a regra do artigo não tem caráter absoluto, pois que, em face da natureza da prestação ou do local do pagamento, as circunstâncias acomodam-se com a observância de um tempo razoável de espera para a exigibilidade da prestação, embora não prevaleça a assinação de dez dias, que se estabelecia em nosso direito pré-codificado.

2. A disposição do Código é favorável ao credor. Se, porém, na falta de termo certo, o devedor tiver interesse em efetuar o pagamento, pode requerer ao juiz a intimação daquele, para que lhe fixe a época do pagamento.

3. Efetuando o devedor o pagamento antes do termo estabelecido, não tem direito a repeti-lo, presumindo-se que o fez voluntariamente, mesmo se alegar ignorância do termo instituído a seu favor.

Texto do Código Civil de 2002:

Art. 332. As obrigações condicionais cumprem-se na data do implemento da condição, cabendo ao credor a prova de que deste teve ciência o devedor.

Texto comentado por Caio Mário:
Idêntico ao do Código Civil.
Fontes: Código Civil de 1916, art. 953; Projeto de 1975, art. 330.

COMENTÁRIO

1. Uma circunstância que submete o vencimento da dívida é a condição suspensiva. Ocorrendo o seu implemento, a obrigação deve cumprir-se desde logo. Mas ao credor incumbe provar que o devedor teve conhecimento dela. Na ocorrência de condição resolutiva, aplicam-se os princípios da constituição em mora.

2. Se o devedor efetuar o pagamento na pendência de condição suspensiva, cabe a ele o direito de repetir o pagamento, porque antes de sua realização o credor não havia ainda adquirido o direto à prestação.

TEXTO DO CÓDIGO CIVIL DE 2002:

Art. 333. Ao credor assistirá o direito de cobrar a dívida antes de vencido o prazo estipulado no contrato ou marcado neste Código:

I - no caso de falência do devedor, ou de concurso de credores;

II - se os bens, hipotecados ou empenhados, forem penhorados em execução por outro credor;

III - se cessarem, ou se se tornarem insuficientes, as garantias do débito, fidejussórias, ou reais, e o devedor, intimado, se negar a reforçá-las.

Parágrafo único. Nos casos deste artigo, se houver, no débito, solidariedade passiva, não se reputará vencido quanto aos outros devedores solventes.

TEXTO COMENTADO POR CAIO MÁRIO:

Fontes: Código Civil de 1916, art. 954; Projeto de Código de Obrigações de 1965, art. 213; Projeto de 1975, art. 331.

NOTA DOS ATUALIZADORES:

No comentário abaixo, Caio Mário refere-se ao art. 711 do Código de Processo Civil de 1973, que corresponde ao art. 908 do Código de Processo Civil de 2015. O autor também se refere aos arts. 748 e ss. do Código de Processo Civil de 1973, mantidos em vigor pelo art. 2.015 do Código de Processo Civil de 2015.

COMENTÁRIO

1. O devedor é obrigado ao pagamento no termo, seja este decorrente de lei ou de convenção, não podendo o credor exigi-lo *ante tempus*.

Se o fizer, comete o ilícito previsto no Código (art. 939), e é obrigado a esperar o tempo que faltava para o vencimento, descontando os juros correspondentes.

Se o termo for instituído a seu favor, pode renunciá-lo, não lhe sendo possível fazê-lo se instituído a benefício do credor, salvo anuência deste (art. 133).

2. Decai o devedor do benefício do termo instituído a seu favor, e tem, portanto, o credor o direito de exigir a solução antes do vencimento, em casos excepcionais, que o artigo menciona. Convém, todavia, ressaltar que a referência ao "concurso de credores" deve ser recebida com a cautela necessária. O Código Civil manteve o instituto do concurso creditório (arts. 955 e seguintes), e o Código de Processo Civil de 1973 dele cogita no art. 711, ao aludir à entrega do dinheiro. Por outro lado, instituía a insolvência civil, quando disciplinou a execução por quantia certa contra devedor insolvente (arts. 748 e seguintes). Embora a isto se não refira, é um caso de extensão legal de vencimento antecipado das obrigações, análogo aos incisos I e II.

A penhora do bem dado em garantia real e a cessão ou insuficiência de garantias importam em perda ou redução da segurança do credor, quanto ao recebimento, o que só *per si* justifica não tenha de aguardar o vencimento da dívida para procurar obter a solução da obrigação.

3. Além dos casos legais de vencimento antecipado da dívida, é lícito estipular outros, em cuja ocorrência tem direito o credor a exigir o seu pagamento antes do termo.

A inexecução no tempo devido implica a mora do devedor, e sujeita-o às suas consequências (arts. 394 e seguintes).

Capítulo II
DO PAGAMENTO EM CONSIGNAÇÃO

Texto do Código Civil de 2002:

Art. 334. Considera-se pagamento, e extingue a obrigação, o depósito judicial ou em estabelecimento bancário da coisa devida, nos casos e forma legais.

TEXTO COMENTADO POR CAIO MÁRIO:

Idêntico ao do Código Civil.

Fontes: Código de 1916, art. 972; Projeto de Código de Obrigações de 1965, art. 215; Projeto de 1975, art. 332.

NOTA DOS ATUALIZADORES:

No comentário, Caio Mário refere-se aos arts. 890 e ss. do Código de Processo Civil de 1973, que correspondem aos arts. 539 e ss. do Código de Processo Civil de 2015.

COMENTÁRIO

1. O Código inicia aqui a disciplina dos pagamentos especiais: consignação, sub-rogação, imputação, dação em pagamento.

O principal interessado na solução é o credor, que por ela recebe o que lhe é devido. Nem por isso deixa de ser reconhecido o interesse e, mesmo, o direito do devedor de se desvencilhar da obrigação e liberar-se do vínculo. Defendendo-se contra o credor malicioso ou displicente, ou na hipótese de ser este ignorado ou incerto, oferece a lei ao sujeito passivo a modalidade do pagamento por consignação, que consiste no depósito judicial da quantia ou coisa devida. Nem toda obrigação é compatível com a consignação. Dela excluem-se as obrigações negativas, como as de fazer que se cumprem mediante a prestação de um fato apenas, *a parte debitoris*.

Consignação, também chamada oferta real, tem cabimento quando a obrigação se cumpre mediante a apresentação da *res debita* ao credor.

E deve ser judicial, salvo nos casos em que a convenção prevê que se faça por outra forma. Trata-se de instituto a um só tempo de Direito Civil e de Direito Processual. O Direito Civil estabelece em que consiste, menciona os casos em que tem lugar e define o poder liberatório ou extintivo da obrigação, que é o seu efeito. O Direito Processual Civil desenvolve as regras procedimentais a serem seguidas, a partir do momento em que o devedor ingressa em juízo (Código de Processo Civil de 1973, arts. 890 e ss.).

2. A consignação em pagamento há de consistir no efetivo oferecimento (oferta real) da própria coisa devida. Não basta a promessa, ou a declaração de que a *res debita* está à disposição do credor.

Texto do Código Civil de 2002:

Art. 335. A consignação tem lugar:

I - se o credor não puder, ou, sem justa causa, recusar receber o pagamento, ou dar quitação na devida forma;

II - se o credor não for, nem mandar receber a coisa no lugar, tempo e condição devidos;

III - se o credor for incapaz de receber, for desconhecido, declarado ausente, ou residir em lugar incerto ou de acesso perigoso ou difícil;

IV - se ocorrer dúvida sobre quem deva legitimamente receber o objeto do pagamento;

V - se pender litígio sobre o objeto do pagamento.

Texto comentado por Caio Mário:

Idêntico ao do Código Civil.

Fontes: Código de 1916, art. 973; Projeto de Código de Obrigações de 1965, art. 215; Projeto de 1975, art. 333.

COMENTÁRIO

1. O Código, a exemplo de seu modelo anterior, oferece toda uma gama de situações em que o devedor se liberta da obrigação por via do depósito judicial da *res debita*.

I - O credor tem direito à prestação, mas tem também o dever de recebê-la. Se, sem justa causa, recusa o pagamento, ou não dá ao devedor quitação da dívida, cabe o depósito judicial. Equivalente à recusa é o fato de o devedor se esquivar, ou deixar de ser encontrado, ou procrastinar o recebimento ou a quitação. Salienta, porém, o artigo a falta de justa causa. Caso contrário, descabe a consignação. Via de regra, somente no curso da lide apurar-se-á se é justa ou injusta a recusa.

II - Se a dívida é quesível, cabe ao credor deslocar-se para receber (ver comentário ao art. 327). Não o fazendo, nem mandando alguém devidamente credenciado, o devedor pode depositar a coisa devida.

III - Não se podendo identificar o credor, ou não sendo encontrado, ou achando-se em lugar incerto ou de difícil acesso, outro meio não tem o devedor, senão este, porque precisa se liberar do vínculo obrigatório, e somente a sentença judicial pode fazê-lo. Situação idêntica será, se o credor for declarado ausente, e não se definir quem administra seus interesses, pois, se for conhecido, o pagamento se fará em suas mãos.

Sendo o credor incapaz de receber, cabe o depósito, se se não conhecer seu representante, ou este embaraçar o recebimento.

IV - É caso de pagamento por consignação se mais de uma pessoa pretender a prestação, ou se houver motivo de dúvida sobre quem seja o credor.

V - O litígio pode versar sobre o objeto do pagamento em si mesmo, ou se mais de uma pessoa estiver sobre ele discutindo em juízo. Litígio existe, ainda, se o devedor é intimado por terceiro para não pagar ao credor. Nesta alínea cabe a hipótese de disputa em concurso de preferência sobre a coisa devida.

2. Pode lei expressa mencionar situações em que o pagamento por consignação tem cabimento. Exemplifica-se com a penhora do crédito, ou com a preferência do condômino em coisa indivisa para adquirir a parte de seu consorte, alienada a estranho (art. 504).

3. A consignação em pagamento é meio judicial liberatório da obrigação, e tem finalidade estrita. Descabe trazer para ela toda outra discussão, que não seja compreendida nos seus limites e termos específicos.

4. Se couber ao devedor exigir contraprestação que ao credor caiba efetuar, pode subordinar ao cumprimento desta à realização do depósito. Neste caso, o credor não tem o direito de levantar a coisa depositada, sem que efetue a prestação que lhe cabe, ou dê garantia bastante de que a cumprirá.

TEXTO DO CÓDIGO CIVIL DE 2002:

Art. 336. Para que a consignação tenha força de pagamento, será mister concorram, em relação às pessoas, ao objeto, modo e tempo, todos os requisitos sem os quais não é válido o pagamento.

TEXTO COMENTADO POR CAIO MÁRIO:

Idêntico ao do Código Civil.

Fontes: Código de 1916, art. 974; Projeto de Código de Obrigações de 1965, art. 216; Projeto de 1975, art. 334.

COMENTÁRIO

1. A validade do pagamento por consignação é subordinada aos requisitos subjetivos e objetivos do pagamento.

2. Deve ser promovida pelo devedor, ou por quem tenha legítimo interesse, ou ainda por terceiro não interessado, se o fizer em nome e por conta do devedor.

3. A consignação há de versar sobre a coisa ou quantia devida, e não outra, análoga, ainda que mais valiosa. Em se tratando de dívida de dinheiro, são pressupostos do pagamento por consignação a sua certeza e liquidez. Por este motivo se diz que a consignação em pagamento equivale a um procedimento executório invertido. Do mesmo modo que este somente tem cabida se o credor o for de quantia líquida e certa, também ao devedor é lícito consignar quantia à sua vez certa e líquida. O oferecimento de coisa ou quantia incerta, com o protesto de completar posteriormente, é incompatível com o requisito objetivo do pagamento. Abre-se, no entanto, exceção para o caso de erro de cálculo. A oferta deve acompanhar o modo pelo qual o pagamento foi estipulado. Se a ele desatender, não tem lugar.

4. O pagamento tem de ser oferecido *opportuno tempore*. Não se pode beneficiar da consignação o devedor em mora. Como, entretanto, até o último dia do prazo pode o devedor pagar e o credor receber, considera-se oportuna a oferta real promovida no primeiro dia útil que se seguir ao termo final.

Texto do Código Civil de 2002:

Art. 337. O depósito requerer-se-á no lugar do pagamento, cessando, tanto que se efetue, para o depositante, os juros da dívida e os riscos, salvo se for julgado improcedente.

Texto comentado por Caio Mário:

Idêntico ao do Código Civil.

Fontes: Código de 1916, art. 976; Projeto de 1975, art. 335.

COMENTÁRIO

1. Além dos requisitos mencionados no artigo anterior, há de concorrer no depósito judicial a circunstância do lugar. Nem o credor pode ser compelido a vir receber em local diferente, nem o devedor tem obrigação de se deslocar para solver. A este princípio de direito substancial coincide o de direito processual, assentado que o foro competente para a ação de consignação é o do pagamento.

2. Depositada a *res debita*, livra-se o devedor dos juros da dívida, porque a consignação tem efeito equivalente ao próprio pagamento, e, desta sorte, não correm juros contra ele.

Os riscos da coisa devida são suportados pelo devedor até o momento da tradição. Consignada ela, ocorre a inversão dos riscos. A cargo do credor estão a sua deterioração e perecimento.

Julgada procedente a ação, o credor terá direito de promover o levantamento da coisa, no estado em que estiver, salvo se a deterioração for precedente ao depósito. Se for julgada improcedente, o devedor estará sujeito aos juros, sofrerá os riscos ocorridos na pendência da lide, e, vinculada que seja a prestação depositada a qualquer contrato, suportará as consequências da ausência de pagamento.

TEXTO DO CÓDIGO CIVIL DE 2002:

Art. 338. Enquanto o credor não declarar que aceita o depósito, ou não o impugnar, poderá o devedor requerer o levantamento, pagando as respectivas despesas, e subsistindo a obrigação para todas as consequências de direito.

TEXTO COMENTADO POR CAIO MÁRIO:
Idêntico ao do Código Civil.

Fontes: Código de 1916, art. 977; Projeto de Código de Obrigações de 1965, art. 222; Projeto de 1975, art. 336.

COMENTÁRIO

1. A consignação em pagamento compreende duas fases. A primeira é a da oferta. O devedor faz citar o credor para receber a coisa ou quantia devida, em local e momento determinado, ou para vir provar o seu direito, sob pena de se efetuar o depósito. Esta primeira fase não é propriamente contenciosa. Depositada a coisa, ao credor ainda resta a alternativa de declarar que aceita, ou impugnar. Enquanto não o fizer, o devedor pode voltar atrás, e requerer o levantamento da coisa ou quantia que ofereceu. Duas serão, contudo, as consequências. Uma de cunho meramente processual: pagar as despesas judiciais. A outra, de natureza substancial: suportar todas as consequências do não pagamento, uma vez que assume os riscos da coisa, suporta os juros, e suporta as condições da falta ou mora de pagar. A dívida subsiste com seus acessórios.

2. A consignação em pagamento é adstrita ao devedor depositante e o credor. Os fiadores e os codevedores, e mesmo solidários, não têm legitimidade para se oporem ao levantamento requerido pelo consignante.

3. Nada impede, todavia, que incida penhora sobre a coisa ou quantia depositada.

4. Impugnado o depósito, a coisa torna-se litigiosa. Aceito o depósito, está efetuado o pagamento. Num caso ou noutro, ao consignante não mais será lícito requerer seu levantamento.

TEXTO DO CÓDIGO CIVIL DE 2002:

Art. 339. Julgado procedente o depósito, o devedor já não poderá levantá-lo, embora o credor consinta, senão de acordo com os outros devedores e fiadores.

TEXTO COMENTADO POR CAIO MÁRIO:
Idêntico ao do Código Civil.
Fontes: Código de 1916, art. 978; Projeto de Código de Obrigações de 1965, art. 223; Projeto de 1975, art. 337.

COMENTÁRIO

1. Com a procedência do depósito, a obrigação fica extinta. O devedor fica liberado, e com ele seus fiadores e codevedores. Não mais assiste ao devedor direito a seu levantamento. Acontecendo que o requeira, com assentimento do credor, perde este a preferência e a garantia que lhe competiam relativamente ao objeto do depósito. Sua anuência não poderá, portanto, trazer prejuízo aos demais devedores e aos fiadores. O levantamento do depósito pelo devedor, neste caso, não poderá ser concedido sem o acordo de uns e de outros.

2. Julgado procedente o depósito, a obrigação fica extinta. Liberados, em consequência, os codevedores e fiadores têm legítimo interesse em que prevaleça o julgado. Nestas condições, terão de ser ouvidos sobre o pedido de levantamento feito pelo devedor. Se anuírem, assumindo as obrigações, continuam responsáveis. Se não forem ouvidos, ou se o levantamento for deferido contra a sua vontade, estarão liberados.

Texto do Código Civil de 2002:

Art. 340. O credor que, depois de contestar a lide ou aceitar o depósito, aquiescer no levantamento, perderá a preferência e a garantia que lhe competiam com respeito à coisa consignada, ficando para logo desobrigados os co-devedores e fiadores que não tenham anuído.

Texto comentado por Caio Mário:
Idêntico ao do Código Civil.

Fontes: Código de 1916, art. 979; Projeto de Código de Obrigações de 1965, art. 223; Projeto de 1975, art. 338.

COMENTÁRIO

Antes mesmo de julgada por sentença a consignação, mas depois de impugnado o depósito e de declarar o credor que o aceita, e o credor aquiescer em que seja levantado, têm os codevedores e fiadores direito a serem ouvidos. Se não o forem, ou se discordarem, e o levantamento do depósito ocorrer, ficam desobrigados. Nesta hipótese, a obrigação não se extingue, permanecendo vinculado o consignante. Mas, em relação ao objeto consignado, perde o credor a preferência e a garantia, cessando a responsabilidade dos coobrigados e fiadores. A hipótese difere substancialmente do levantamento do depósito antes de declarada a aceitação ou de contestada a lide. Por isto, os efeitos são também diversos.

Texto do Código Civil de 2002:

Art. 341. Se a coisa devida for imóvel ou corpo certo que deva ser entregue no mesmo lugar onde está, poderá o devedor citar o credor para vir ou mandar recebê-la, sob pena de ser depositada.

Texto comentado por Caio Mário:
Idêntico ao do Código Civil.

Fontes: Código de 1916, art. 980; Projeto de Código de Obrigações de 1965, art. 221; Projeto de 1975, art. 339.

COMENTÁRIO

1. O artigo prevê qualquer hipótese em que a coisa deva ser entregue em lugar determinado, seja este, ou não, o domicílio do credor. Se for imóvel, ou coisa móvel cuja *traditio* se efetua no lugar onde está, a consignação obedece a rito especial, e diverso do que se dá com a coisa que é depositada materialmente. Para o caso do artigo, o devedor fará citar o credor para que vá, ou mande receber no próprio *situs* da coisa, isto é, no lugar em que se acha ela. Fixada a data, não comparecendo o credor ou emissário seu, ou simplesmente omitindo-se, proceder-se-á ao depósito da *res debita*, mediante termo respectivo, correndo daí em diante a ação como no caso de qualquer outro pagamento pela via consignatória.

2. A apuração se ocorre mora do credor far-se-á nos termos do título, conforme se trate de obrigação a termo certo, ou se ocorre a necessidade de interpelação prévia para constituição em mora.

Texto do Código Civil de 2002:

Art. 342. Se a escolha da coisa indeterminada competir ao credor, será ele citado para esse fim, sob cominação de perder o direito e de ser depositada a coisa que o devedor escolher; feita a escolha pelo devedor, proceder-se-á como no artigo antecedente.

Texto comentado por Caio Mário:
Idêntico ao do Código Civil.

Fontes: Código de 1916, art. 981; Projeto de Código de Obrigações de 1965, art. 220; Projeto de 1975, art. 340.

COMENTÁRIO

O objeto da obrigação pode ser indeterminado, contanto que se determine até o momento da execução. A escolha pode competir ao credor ou ao devedor. Se couber a este, dará ciência ao credor por qual delas optou, e, não a recebendo ele, procederá ao depósito como se se tratasse de corpo certo. Se a opção couber ao credor, será ele intimado a fazê-la, em prazo que lhe seja assinado, sob pena de ser depositada a que o devedor eleger.

TEXTO DO CÓDIGO CIVIL DE 2002:

Art. 343. As despesas com o depósito, quando julgado procedente, correrão à conta do credor, e, no caso contrário, à conta do devedor.

TEXTO COMENTADO POR CAIO MÁRIO:

Idêntico ao do Código Civil.

Fontes: Código de 1916, art. 982; Projeto de Código de Obrigações de 1965, art. 224; Projeto de 1975, art. 341.

COMENTÁRIO

A disposição acompanha os efeitos da sentença. Procedente a ação, ao credor cabe o levantamento do depósito, com as despesas judiciais. Reversamente, ao devedor competem elas, se a ação é julgada improcedente. Às custas acrescem os encargos da sucumbência, na forma da lei.

TEXTO DO CÓDIGO CIVIL DE 2002:

Art. 344. O devedor de obrigação litigiosa exonerar-se-á mediante consignação, mas, se pagar a qualquer dos pretendidos credores, tendo conhecimento do litígio, assumirá o risco do pagamento.

TEXTO COMENTADO POR CAIO MÁRIO:

Idêntico ao do Código Civil.

Fontes: Código de 1916, art. 983; Projeto de 1975, art. 342.

COMENTÁRIO

A disposição lança certa dúvida que, na realidade, não pode existir. Se houver litígio sobre a coisa, e não estiver esclarecido a quem caiba o pagamento, o caso é de consignação. Se não a promover, o devedor assume o risco da escolha que faça da pessoa a quem pagar. Uma vez consignada a *res debita*, e citados os possíveis interessados, desaparece o risco do devedor, cabendo ao juiz decidir quem tem direito à coisa, e, levantada esta na forma da sentença, o devedor está exonerado.

TEXTO DO CÓDIGO CIVIL DE 2002:

Art. 345. Se a dívida se vencer, pendendo litígio entre credores que se pretendem mutuamente excluir, poderá qualquer deles requerer a consignação.

TEXTO COMENTADO POR CAIO MÁRIO:
Idêntico ao do Código Civil.
Fontes: Código de 1916, art. 984; Projeto de 1975, art. 343.

COMENTÁRIO

Vencendo-se a dívida, na pendência de litígio entre credores que estejam disputando a preferência, poderão eliminar os riscos de um pagamento eventualmente feito pelo devedor, requerendo a consignação da coisa depositada.

Capítulo III
DO PAGAMENTO COM SUB-ROGAÇÃO

TEXTO DO CÓDIGO CIVIL DE 2002:

Art. 346. A sub-rogação opera-se, de pleno direito, em favor:
I - do credor que paga a dívida do devedor comum;
II - do adquirente do imóvel hipotecado, que paga a credor hipotecário, bem como do terceiro que efetiva o pagamento para não ser privado de direito sobre imóvel;

III - do terceiro interessado, que paga a dívida pela qual era ou podia ser obrigado, no todo ou em parte.

Texto comentado por Caio Mário:
Idêntico ao do Código Civil.
Fontes: Código de 1916, art. 985; Projeto de Código de Obrigações de 1965, art. 226; Projeto de 1975, art. 344.

COMENTÁRIO

1. O direito brasileiro estruturou o instituto da sub-rogação em termos singelos e seguros. Chama-se sub-rogação a transferência da qualidade creditória para aquele que solver obrigação alheia, ou emprestou o necessário ao pagamento. Por ela ocorre uma substituição do credor, o que aproxima a *sub-rogatio* da cessão de crédito. Origina-se esta de uma declaração de vontade, que opera a transferência da razão creditória, e pode ser onerosa ou gratuita; ao passo que a causa jurídica da sub-rogação é o pagamento efetuado por um terceiro. O Código disciplina a sub-rogação legal, que opera por força de lei, independentemente de manifestação de vontade do *accipiens*, embora possa afastar-se deliberadamente; e sub-rogação convencional, em que o pagamento por terceiro é acompanhado da declaração do propósito de operar a transferência. Este artigo cogita dos casos da sub-rogação legal, e o seguinte, da convencional.

A sub-rogação opera a liberação do devedor em relação ao credor que recebe, mas deixa subsistir a obrigação para com o sub-rogatário.

2. São casos de sub-rogação legal:

2.1. A que opera em favor de quem paga a dívida do devedor comum. O Código de 1916 somente a concedia se o pagamento se destinava a credor ou a quem competia direito de preferência. O novo Código, acompanhando meu Projeto de Código de Obrigações, eliminou esta restrição, que constituía fonte de dúvidas e incertezas. Basta a fundamentar a transferência da qualidade creditória que o *solvens* solva o débito de quem está vinculado, juntamente com ele, qualquer que seja a natureza da dívida. Efetuado o pagamento, assume o lugar do credor, com todos os privilégios e garantias. Há sub-rogação mesmo que o *solvens* seja credor quirografário.

2.2. O adquirente de imóvel hipotecado tem o direito de liberá-lo do ônus que o grava, e que o acompanha por força de sequela. Pagando o débito, evita ou extingue a excussão hipotecária, tornando-se, *ipso facto*, credor. Cessa, entretanto, a garantia real, ficando o *solvens* com a faculdade de cobrar a dívida sobre os demais bens do devedor, sem que lhe assista o privilégio, salvo se houver outro por diversa causa.

2.3. Dá-se a sub-rogação em favor do terceiro que, não sendo obrigado, paga dívida alheia para não ser privado de direito sobre o imóvel, como seria o caso de este estar sujeito a ônus de outra natureza, que ponha em risco a situação jurídica do *solvens*.

2.4. O terceiro interessado, que paga dívida pela qual era ou podia ser obrigado, como ocorre em relação ao fiador ou ao co-devedor solidário ou de obrigação indivisível. Não é necessário que aguarde o procedimento do credor. Sub-roga-se na dívida mesmo se se antecipar.

3. Além desses casos, estende-se a sub-rogação ao herdeiro que paga, com recursos próprios, dívidas da herança. Deve-se ainda considerar a sub-rogação legal em qualquer outra hipótese em que ela se dê por disposição especial.

TEXTO DO CÓDIGO CIVIL DE 2002:

Art. 347. A sub-rogação é convencional:

I - quando o credor recebe o pagamento de terceiro e expressamente lhe transfere todos os seus direitos;

II - quando terceira pessoa empresta ao devedor a quantia precisa para solver a dívida, sob a condição expressa de ficar o mutuante sub-rogado nos direitos do credor satisfeito.

Art. 348. Na hipótese do inciso I do artigo antecedente, vigorará o disposto quanto à cessão do crédito.

TEXTO COMENTADO POR CAIO MÁRIO:

Idênticos ao do Código Civil.

Fontes: Código de 1916, arts. 986 e 987; Projeto de Código de Obrigações de 1965, art. 227; Projeto de 1975, art. 345.

COMENTÁRIO

1. Quando o credor, recebendo de um terceiro fora dos casos previstos no artigo anterior, declara que a ele transfere o crédito, ocorre situação análoga à cessão de crédito, razão por que se aplicam os princípios desta. É requisito desta sub-rogação do credor a concorrência simultânea de pagamento e da transferência do crédito. A declaração posterior do *accipiens* é inoperante para o efeito da sub-rogação. Realizada no mesmo instrumento da quitação, traz efeito de sub-rogação independentemente de requisito formal.

2. O artigo prevê hipótese de sub-rogação do devedor, beneficiando o terceiro que empresta quantia necessária a solver a dívida. São requisitos: a) que o terceiro empreste ao devedor a quantia destinada a solver a dívida; b) que o mútuo se dê com cláusula expressa de se investir o mutuante na condição creditória; c) que haja simultaneidade do empréstimo e da cláusula; d) que o empréstimo se destine efetivamente à solução da obrigação. O Código não subordina a sub-rogação a requisito formal.

Somente concorrendo todos os requisitos é que o sub-rogatário fica investido no crédito, com seus privilégios e garantias.

TEXTO DO CÓDIGO CIVIL DE 2002:

Art. 349. A sub-rogação transfere ao novo credor todos os direitos, ações, privilégios e garantias do primitivo, em relação à dívida, contra o devedor principal e os fiadores.

TEXTO COMENTADO POR CAIO MÁRIO:
Idêntico ao do Código Civil.

Fontes: Código de 1916, art. 988; Projeto de Código de Obrigações de 1965, art. 228; Projeto de 1975, art. 347.

COMENTÁRIO

O sub-rogatário assume a situação do credor primitivo, preferindo a qualquer outro credor anterior à sub-rogação. Seja legal, seja convencional, adquire o sub-rogatário o próprio crédito, tal qual é. Mas suporta as exceções que o sub-rogante teria de enfrentar.

Na sub-rogação convencional valem as restrições impostas aos direitos do sub-rogado, como também a cláusula que o legitima a reembolsar-se no caso de ser insolvente o devedor. Se, entretanto, a dívida não existir, cabe ação de repetição contra o *accipiens*.

Texto do Código Civil de 2002:

Art. 350. Na sub-rogação legal o sub-rogado não poderá exercer os direitos e as ações do credor, senão até à soma que tiver desembolsado para desobrigar o devedor.

Texto comentado por Caio Mário:

Fontes: Código de 1916, art. 989; Projeto de Código de Obrigações de 1965, art. 228, parágrafo único; Projeto de 1975, art. 348.

COMENTÁRIO

Ao contrário da sub-rogação convencional, que se equipara à cessão de crédito, a que opera por força de lei difere dela, por transferir ao novo credor a dívida tal qual é. O credor sub-rogado não pode auferir vantagem. Fica o seu direito limitado à quantia que desembolsou para a solução do débito, com os seus acessórios, beneficiando-se, também, dos juros após a sub-rogação.

Texto do Código Civil de 2002:

Art. 351. O credor originário, só em parte reembolsado, terá preferência ao sub-rogado, na cobrança da dívida restante, se os bens do devedor não chegarem para saldar inteiramente o que a um e outro dever.

Texto comentado por Caio Mário:

Idêntico ao do Código Civil.

Fontes: Código de 1916, art. 990; Projeto de Código de Obrigações de 1965, art. 229; Projeto de 1975, art. 349.

COMENTÁRIO

A transferência plena de todos os direitos do credor primitivo ao sub-rogatário é consequência da quitação total da dívida. Em caso de pagamento parcial, o credor primitivo prefere ao sub-rogado na cobrança do remanescente, se os bens do devedor forem insuficientes à solução da dívida inteira. Como o princípio não é de ordem pública, tem validade a declaração do *solvens*, renunciando ao direito de receber preferencialmente sobre os bens do devedor.

Capitulo IV
DA IMPUTAÇÃO DO PAGAMENTO

TEXTO DO CÓDIGO CIVIL DE 2002:

Art. 352. A pessoa obrigada por dois ou mais débitos da mesma natureza, a um só credor, tem o direito de indicar a qual deles oferece pagamento, se todos forem líquidos e vencidos.

TEXTO COMENTADO POR CAIO MÁRIO:
Idêntico ao do Código Civil.
Fontes: Código de 1916, art. 991; Projeto de Código de Obrigações de 1965, art. 230; Projeto de 1975, art. 350.

COMENTÁRIO

1. Imputação de pagamento consiste na faculdade de escolher, dentre várias prestações de coisa fungível, devidas ao mesmo credor, pelo mesmo devedor, qual dos débitos satisfazer (M. I. CARVALHO DE MENDONÇA). O Código confere direito de opção ao devedor (imputação do devedor), subordinando-o, contudo, a serem as dívidas de igual natureza, serem líquidas, e estarem vencidas. Fora destes requisitos, o credor não é obrigado a aceitar a imputação. Demais disto, é preciso que a quantia oferecida baste à extinção de qualquer dos débitos, uma vez que o credor não é obrigado a receber pagamento parcial.

2. Tal faculdade é extensiva ao terceiro que paga, nos casos em que tenha direito a fazê-lo.

3. Uma vez feita a escolha, e passado o recibo, não pode o devedor arrepender-se da indicação feita.

Texto do Código Civil de 2002:

Art. 353. Não tendo o devedor declarado em qual das dívidas líquidas e vencidas quer imputar o pagamento, se aceitar a quitação de uma delas, não terá direito a reclamar contra a imputação feita pelo credor, salvo provando haver ele cometido violência ou dolo.

Texto comentado por Caio Mário:
Idêntico ao do Código Civil.

Fontes: Código de 1916, art. 992; Projeto de Código de Obrigações de 1965, art. 233; Projeto de 1975, art. 351.

COMENTÁRIO

O direito de escolha é do devedor. Não o exercendo, transfere-se para o credor, que tem, então, a faculdade de quitar uma das dívidas, a seu critério. O devedor, que foi omisso, não pode reclamar, salvo se o credor tiver procedido com dolo ou violência (imputação do credor).

Texto do Código Civil de 2002:

Art. 354. Havendo capital e juros, o pagamento imputar-se-á primeiro nos juros vencidos, e depois no capital, salvo estipulação em contrário, ou se o credor passar a quitação por conta do capital.

Texto comentado por Caio Mário:
Idêntico ao do Código Civil.

Fontes: Código de 1916, art. 993; Projeto de Código de Obrigações de 1965, art. 231; Projeto de 1975, art. 352.

COMENTÁRIO

Reconhecendo a imputação ao devedor, o Código concede ao credor o direito de fazê-la primeiro nos juros vencidos, e depois no capital.

Prevalece a estipulação em contrário. E presume-se a sua existência, se o credor passar a quitação por conta do capital, tendo em vista que a dos juros lhe seria mais favorável, e não lhe assiste o direito de se retratar, onerando o devedor.

TEXTO DO CÓDIGO CIVIL DE 2002:

Art. 355. Se o devedor não fizer a indicação do art. 352, e a quitação for omissa quanto à imputação, esta se fará nas dívidas líquidas e vencidas em primeiro lugar. Se as dívidas forem todas líquidas e vencidas ao mesmo tempo, a imputação far-se-á na mais onerosa.

TEXTO COMENTADO POR CAIO MÁRIO:
Idêntico ao do Código Civil.

Fontes: Código de 1916, art. 994; Projeto de Código de Obrigações de 1965, art. 234; Projeto de 1975, art. 353.

COMENTÁRIO

Omisso o devedor e não declarando o credor a qual das dívidas dá quitação, opera-se a imputação legal.

Havendo dívidas líquidas e vencidas, e outras não, a imputação far-se-á naquelas, e depois de extintas, nas outras.

Sendo todas líquidas, e simultaneamente vencidas, a imputação far-se-á nas mais onerosas, seja em razão de encargos que as acompanham (existência ou não de juros, juros a taxa mais elevada etc.), seja pela existência de cláusula penal, seja pela garantia real.

Na falta desses critérios, por serem todas as dívidas líquidas e igualmente onerosas, a quitação far-se-á por igual em todas elas.

Capítulo V
DA DAÇÃO EM PAGAMENTO

TEXTO DO CÓDIGO CIVIL DE 2002:

Art. 356. O credor pode consentir em receber prestação diversa da que lhe é devida.

Texto comentado por Caio Mário:
Idêntico ao do Código Civil.
Fontes: Código de 1916, art. 995; Projeto de Código de Obrigações de 1965, art. 235; Projeto de 1975, art. 354.

COMENTÁRIO

1. É a entrega da *res debita* que extingue a obrigação, não de coisa diversa, ainda que mais valiosa. Assim era o Direito Romano, muito mais rigoroso e severo que o moderno. Não obstante, a dação em pagamento nasceu naquele sistema. Partiu de que coisa diversa da dívida não tinha o poder de solver a obrigação, contra a vontade do credor – *aliud pro alio, invito creditore, solvi non potest.* O direito pátrio conserva o mesmo critério. E é em virtude deste princípio que o Código enuncia a regra, segundo a qual uma coisa diversa da devida somente tem poder liberatório e extintivo da obrigação se o credor consentir.

2. O Código Civil de 1916 enunciava a norma, aludindo especificamente à *"coisa que não seja dinheiro"*. A doutrina salientava, entretanto, que a *datio in solutum, datio pro soluto*, não era restrita às obrigações de prestação pecuniária (cf. minhas *Instituições de Direito Civil*, vol. II, nº 161). Por essa razão, ao elaborar o Projeto de Código de Obrigações fiz constar que a dação em pagamento pode abranger toda modalidade de prestação. Assim a manteve o novo Código. E, em consequência, ficou expresso que a dação em pagamento tem lugar toda vez que o devedor efetua prestação diversa da devida. Cabe a entrega de uma coisa, em lugar de dinheiro ou de outra coisa; a prestação de um fato, em vez de outro fato ou uma coisa, e assim em diante.

3. Todos os autores consideram a dação em pagamento figura jurídica autônoma. Para que se verifique, é mister que o devedor faça uma prestação diversa da *res debita*, extinguindo a dívida. A obrigação de dar uma coisa por outra não constitui *datio in solutum*, porém novação objetiva.

4. Distingue-se, também, a dação em pagamento da *datio pro solvendo*. Aquela extingue a obrigação. Esta consiste na entrega de um título, de cuja liquidação fica dependendo a quitação da dívida.

5. São requisitos da dação em pagamento: a) existência de uma dívida; b) entrega de coisa diversa da devida, com a intenção de extinguir a obrigação; c) acordo do credor.

Não é necessário que haja coincidência entre o valor da coisa recebida e o da dívida.

TEXTO DO CÓDIGO CIVIL DE 2002:

Art. 357. Determinado o preço da coisa dada em pagamento, as relações entre as partes regular-se-ão pelas normas do contrato de compra e venda.

TEXTO COMENTADO POR CAIO MÁRIO:
Idêntico ao do Código Civil.
Fontes: Código de 1916, art. 996; Projeto de Código de Obrigações de 1965, art. 236; Projeto de 1975, art. 355.

COMENTÁRIO

Neste artigo o Código repete velha regra já enunciada por ULPIANO: *dare in solutum est vendere.* Os dois negócios jurídicos se equiparam. Por isso, às relações entre as partes aplicam-se as normas de contrato de compra e venda. Há equiparação, não identidade. Essas normas são aplicáveis no que couber.

TEXTO DO CÓDIGO CIVIL DE 2002:

Art. 358. Se for título de crédito a coisa dada em pagamento, a transferência importará em cessão.

TEXTO COMENTADO POR CAIO MÁRIO:
Idêntico ao do Código Civil.
Fontes: Código de 1916, art. 997; Projeto de Código de Obrigações de 1965, art. 237; Projeto de 1975, art. 356.

COMENTÁRIO

1. Embora o Código se limite a proclamar a equiparação, a consequência é que as normas da cessão devem ser trazidas para regular as relações entre as partes, bem como no que toca ao devedor da obrigação cedida.

2. O que tem em vista o artigo é o título emitido por terceiro. Se for passado pelo mesmo devedor, não é *datio in solutum*. Como não é, também, a entrega ao credor de um valor fiduciário correspondente à dívida.

Texto do Código Civil de 2002:

Art. 359. Se o credor for evicto da coisa recebida em pagamento, restabelecer-se-á a obrigação primitiva, ficando sem efeito a quitação dada, ressalvados os direitos de terceiros.

Texto comentado por Caio Mário:
Idêntico ao do Código Civil.

Fontes: Código de 1916, art. 998; Projeto de Código de Obrigações de 1965, art. 238; Projeto de 1975, art. 357.

COMENTÁRIO

1. Divergem os sistemas jurídicos, no enunciar o efeito da evicção sobre a *datio in solutum*, em razão de medrar divergência nas fontes romanas. O Código de 1916, seguido do Projeto de Código de Obrigações de 1965 e do Código atual, conserva o efeito repristinatório da evicção da coisa dada em pagamento. A evicção da coisa recebida pelo credor anula a quitação dada, restabelecendo a obrigação. A perda da coisa por sentença opera como se nenhuma quitação fosse dada.

2. Ao fazer a ressalva quanto aos direitos de terceiros, o Código deixou de esclarecer a sua extensão. Se a obrigação for garantida por hipoteca ou penhor, e o devedor tiver alienado o bem dado em garantia, antes da ação intentada por terceiro, não há dúvida de que descabe o restabelecimento da garantia real.

Mas a indagação se as garantias fidejussórias se restauram é que ficou sem resposta no Código. A mim me parece que não. Com a quitação dada pelo credor, mediante o recebimento de prestação diversa da devida, a obrigação se extingue, e com ela a garantia prestada por terceiros. Evicta a coisa, a obrigação primitiva se restabelece. Mas o direito de terceiro à liberação fica ressalvado, e não pode ele ser de novo trazido à condição de garante, sem manifestação expressa de vontade. O devedor tem a obrigação de satisfazer os interesses do credor; o terceiro, entretanto, só mediante nova declaração de vontade.

Capítulo VI
DA NOVAÇÃO

TEXTO DO CÓDIGO CIVIL DE 2002:

Art. 360. Dá-se a novação:

I - quando o devedor contrai com o credor nova dívida para extinguir e substituir a anterior;

II - quando novo devedor sucede ao antigo, ficando este quite com o credor;

III - quando, em virtude de obrigação nova, outro credor é substituído ao antigo, ficando o devedor quite com este.

TEXTO COMENTADO POR CAIO MÁRIO:

Idêntico ao do Código Civil.

Fontes: Código de 1916, art. 999; Projeto de Código de Obrigações de 1965, art. 239; Projeto de 1975, art. 239.

COMENTÁRIO

1. Os Capítulos VI a IX compreendem os diversos casos legais de extinção das obrigações sem pagamento: novação, compensação, confusão e remissão de dívidas. Cada um deles tem sua própria disciplina, ligados todos, entretanto, por uma constante: extinção do vínculo obrigacional sem que se realize o pagamento.

2. Novação é a constituição de uma obrigação nova, em substituição de outra, que fica extinta. No Direito antigo, foi uma das técnicas utilizadas para contornar o princípio da não transmissibilidade da obrigação. Como este princípio ganhou foros de maior aceitação, a *novatio* perdeu parte do prestígio que a acompanhava. Não o perdeu de todo, pois conservam sua dogmática monumentos legislativos modernos.

Tal como estruturada no Direito brasileiro, e mantidas suas linhas básicas no Código de 1916, no meu Projeto de Código de Obrigações, e no novo Código, a novação importa em uma obrigação que, ao nascer, extingue outra preexistente. Não se apresenta como simples alteração ou modificação de elementos secundários. Atinge a obrigação primitiva na sua essência, extinguindo-a. E difere do pagamento, em que, operando a extinção do vínculo obrigacional, não oferece ao credor a prestação que lhe é devida. Faz nascer outro vínculo, que substitui o primeiro. É, assim, causa extintiva e causa geradora de obrigação.

3. Para que ocorra, hão de estar presentes os seguintes requisitos:

a) *Consentimento*, pressupondo a capacidade do agente e a emissão válida de vontade, como se dizia no Digesto: *cui recte solvitur, is etiam novare potest*;

b) *Existência de obrigação anterior*, dotada de validade. Não importa se ela era revestida de exigibilidade ou não era (obrigação natural). Cabe, também, novação se a antiga era anulável, sendo, aliás, a *novatio* meio eficaz de confirmação dela. Não tem cabimento, entretanto, se a antiga é nula ou extinta (art. 367), uma vez que pela novação extingue-se a que preexiste e não há falar em extinção, se ela já não existia juridicamente. Comporta novação a obrigação condicional ou a termo, e pode também a nova ser acompanhada dessas modalidades.

c) *Validade da nova obrigação*. Se não se chega a constituir ou se é nula, não tem efeito novatório, não gera o *iuris vinculum* extintivo do anterior. Se a nova *obligatio* é subordinada a condição suspensiva, somente com o implemento desta opera-se a extinção da antiga.

d) *Ânimo de novar*, objeto do disposto no artigo seguinte.

4. A novação se diz subjetiva e objetiva. Dá-se a novação objetiva, também dita real, quando o mesmo devedor contrai com o mesmo credor nova obrigação para extinguir e substituir a primeira (art. 360, I). Não importa a natureza delas: uma obrigação de fazer pode ser substituída por uma de dar; uma que tenha por objeto indenização por ato ilícito pode ser novada por um título cambial ou de outra natureza.

Alguns autores (REGELSBERGER, VON TUHR) sustentam que o reconhecimento do saldo de uma conta-corrente tem caráter novatório em relação às obrigações que deram origem às respectivas partidas. Mas o simples lançamento não tem este efeito, como se estabelecia no art. 241 do meu Projeto de Código de Obrigações de 1965.

Novação subjetiva pode ocorrer no lado passivo ou no lado ativo da obrigação. (A) No primeiro caso, novo devedor sucede ao antigo, recebendo este a quitação do credor. É essencial o consentimento do credor. O tipo mais debatido é a delegação, que se dá quando o devedor encarrega um terceiro de exonerá-lo junto ao credor, mediante a contração de nova dívida: *delegare est vice sua aliam reum dare creditori vel cuiiusserit.* Completa-se com a anuência do credor. (B) No segundo caso, outro credor é substituído ao antigo, ficando o vínculo extinto em favor deste. O devedor está quite com o primeiro credor, passando a dever ao segundo. É necessária a participação do credor com seu assentimento. Não se confunde esta novação com a cessão de crédito, embora se assemelhem. Na cessão de crédito a razão creditória passa incólume ao cessionário, ao passo que a novação extingue-a para dar nascimento a nova obrigação.

5. A novação extingue a dívida novada, com as consequências previstas neste Código.

TEXTO DO CÓDIGO CIVIL DE 2002:

Art. 361. Não havendo ânimo de novar, expresso ou tácito mas inequívoco, a segunda obrigação confirma simplesmente a primeira.

TEXTO COMENTADO POR CAIO MÁRIO:

Idêntico ao do Código Civil.

Fontes: Código de 1916, art. 1.000; Projeto de Código de Obrigações de 1965, art. 240; Projeto de 1975, art. 359.

COMENTÁRIO

1. Na etiologia da novação, é fundamental a intenção de novar. Na coexistência de duas obrigações, não se presume a novação. O *animus novandi* vem, normalmente, expresso. Mas pode resultar das circunstâncias (intenção tácita). Para que tenha efeito novatório, há de ser inequívoco, como fiz constar de meu Projeto de Código de Obrigações, e o novo Código adotou.

Quando não se apura, expresso ou tácito, o ânimo de novar, a nova obrigação simplesmente confirma a anterior.

Na dúvida, elemento prestimoso apontado pelos autores, como ALFREDO COLMO, é verificar a ocorrência de incompatibilidade entre as duas obrigações. Se forem compatíveis uma e outra, a segunda é meramente confirmatória. Se na nova obrigação não houver nada novo – *aliquid novi* –, há mera confirmação e não uma *novatio*.

2. É lícito aos interessados, em se tratando da constituição de nova obrigação, ressalvar por expresso que não inova a anterior. A declaração tem o efeito de afastar o *animus novandi*.

TEXTO DO CÓDIGO CIVIL DE 2002:

Art. 362. A novação por substituição do devedor pode ser efetuada independentemente de consentimento deste.

TEXTO COMENTADO POR CAIO MÁRIO:
Idêntico ao do Código Civil.
Fontes: Código de 1916, art. 1.001; Projeto de 1975, art. 360.

COMENTÁRIO

Contraindo nova obrigação, para substituir a anterior, o novo devedor a assume, com a extinção da antiga. Não é necessária a anuência do devedor original. Basta que o novo devedor se obrigue, e o credor concorde.

TEXTO DO CÓDIGO CIVIL DE 2002:

Art. 363. Se o novo devedor for insolvente, não tem o credor, que o aceitou, ação regressiva contra o primeiro, salvo se este obteve por má-fé a substituição.

TEXTO COMENTADO POR CAIO MÁRIO:
Idêntico ao do Código Civil.
Fontes: Código de 1916, art. 1.002; Projeto de 1975, art. 361.

COMENTÁRIO

1. Não é requisito de validade da novação a solvência do novo devedor. Cabe ao credor, antes de aceitá-lo, apurar suas condições de liquidez. Se não o fez, ou se não logrou comprovar, e mesmo assim anui na novação, procede a seu próprio risco. Novada a dívida, exonera-se o antigo devedor. Vindo a positivar-se o estado de insolvência do devedor, a novação subsiste, e com ela a quitação do antigo. Não tem, pois, o credor ação para chamá-lo a responder pela obrigação que para ele se extinguiu.

2. Procedendo, entretanto, o devedor maliciosamente, de molde a impor um novo devedor insolvente ao credor, tem este ação de *in rem verso* contra o antigo, para obter dele o ressarcimento do dano a que o levou.

Texto do Código Civil de 2002:

Art. 364. A novação extingue os acessórios e garantias da dívida, sempre que não houver estipulação em contrário. Não aproveitará, contudo, ao credor ressalvar o penhor, a hipoteca ou a anticrese, se os bens dados em garantia pertencerem a terceiro que não foi parte na novação.

Texto comentado por Caio Mário:
Idêntico ao do Código Civil.

Fontes: Código de 1916, arts. 1.003 e 1.004; Projeto de Código de Obrigações de 1965, art. 243; Projeto de 1975, art. 362.

COMENTÁRIO

1. Ocorre aqui mais uma aplicação da regra *accessorium sequitur principale*. Extinta a obrigação pela *novatio*, com ela extinguem-se os seus acessórios e garantias. Não tem o credor direito aos juros pretéritos, nem ação contra os fiadores e garantes. Com a dívida novada, cessam as garantias reais.

2. Poderá, entretanto, o instrumento novatório ressalvar que prevalecem os acessórios e garantias. As que consistem em penhor, hipoteca ou anticrese, oferecidas pelo devedor, com bens seus, sobrevivem à simples ressalva do credor. Os privilégios e garantias prestadas por terceiro dependem de anuência deste, sem o que cessam, incluídas na mesma exigência as garantias fidejussórias, que não prevalecem no silêncio dos que as hajam prestado.

Texto do Código Civil de 2002:

Art. 365. Operada a novação entre o credor e um dos devedores solidários, somente sobre os bens do que contrair a nova obrigação subsistem as preferências e garantias do crédito novado. Os outros devedores solidários ficam por esse fato exonerados.

Texto comentado por Caio Mário:
Idêntico ao do Código Civil.
Fontes: Código de 1916, art. 1.005; Projeto de Código de Obrigações de 1965, art. 244; Projeto de 1975, art. 363.

COMENTÁRIO

O artigo consagra um dos efeitos da solidariedade. E vem, tal como no Código velho, redigido em termos desnecessariamente prolixos e complexos. O princípio pode simplificar-se, como está no meu Projeto de Código de Obrigações: a novação entre o credor e um dos devedores solidários exonera os demais.

Sendo extintiva da obrigação, a novação põe termo, por inteiro, à relação obrigacional. Não importa a causa da novação, ou o processo de que resulta. Desde que opere a extinção do vínculo, os co-devedores solidários estão liberados.

Texto do Código Civil de 2002:

Art. 366. Importa exoneração do fiador a novação feita sem seu consenso com o devedor principal.

Texto comentado por Caio Mário:
Idêntico ao do Código Civil.
Fontes: Código de 1916, art. 1.006; Projeto de 1975, art. 364.

COMENTÁRIO

A norma contém mera especificação do art. 364. A fiança é um contrato acessório, como, aliás, são todas as relações de garantia. Novada a dívida, extingue-se. Com ela, seus acessórios, entre os quais as garantias fidejussórias. Para que estas se transponham para a nova *obligatio*, é mister o consentimento expresso do fiador ou avalista.

TEXTO DO CÓDIGO CIVIL DE 2002:

Art. 367. Salvo as obrigações simplesmente anuláveis, não podem ser objeto de novação obrigações nulas ou extintas.

TEXTO COMENTADO POR CAIO MÁRIO:
Idêntico ao do Código Civil.
Fontes: Código de 1916, arts.1.007 e 1.008; Projeto de 1975, art. 365.

COMENTÁRIO

1. É pressuposto da novação a existência de obrigação anterior, uma vez que a sua finalidade é extingui-la. Não basta, entretanto, existir. É mister seja válida e eficaz. Se for nula ou perempta, não há o que extinguir, e novação não haverá. Celebrado negócio jurídico, com o objetivo de novar dívida nula ou prescrita, não tem efeito e não obriga o devedor.

2. Sendo, todavia, lícito ao devedor renunciar à prescrição já consumada (art. 191), prevalecerá a novação da dívida prescrita, se dela resultar inequívoco o propósito de renunciar à prescrição.

3. A obrigação anulável pode ser confirmada pelo devedor, como ocorre com qualquer ato negocial portador de defeito sanável. Celebrada a novação da obrigação anulável, induz-se a presunção confirmatória, e tem validade, sujeitando-se o devedor ao novo vínculo criado. Não é necessário que as partes declarem o propósito confirmatório. Este decorre da própria *novatio*.

Capítulo VII
DA COMPENSAÇÃO

TEXTO DO CÓDIGO CIVIL DE 2002:

Art. 368. Se duas pessoas forem ao mesmo tempo credor e devedor uma da outra, as duas obrigações extinguem-se, até onde se compensarem.

Texto comentado por Caio Mário:

Idêntico ao do Código Civil.

Fontes: Código de 1916, art. 1.009; Projeto de Código de Obrigações de 1965, art. 245; Projeto de 1975, art. 366.

COMENTÁRIO

1. O instituto da compensação planta suas raízes no Direito Romano, onde MODESTINO a definiu: *compensatio est debiti et crediti inter se contributio*. Tinha seu fundamento na equidade, que se não comprazia com a ideia de terem ação, uma contra outra, duas pessoas que fossem, reciprocamente, credor e devedor. Somente na época justinianeia chegou-se a considerá-la meio extintivo, automático, das obrigações (GIRARD).

Passando ao Direito moderno, pode-se defini-la, com base no texto legal: há extinção das obrigações quando duas pessoas forem, reciprocamente, credora e devedora.

2. Duas são as modalidades de compensação: legal e convencional. Compensação legal é a extinção das obrigações independentemente de uma declaração recíproca de vontade. Desde que as duas pessoas sejam, ao mesmo tempo, credora e devedora uma da outra, as obrigações ficam extintas. Basta que uma delas a invoque. Não pode, entretanto, o juiz decretar a extinção *ex officio*. É necessária a alegação. Como efeito imediato da compensação, opera ela a extinção das obrigações no momento em que se verifica a coincidência dos créditos e débitos recíprocos, ainda que seja invocada ulteriormente.

A compensação, salvo estipulação ou renúncia, opera mediante declaração do interessado em defesa judicial.

Compensação convencional ou voluntária é a que se verifica em decorrência de estipulação dos interessados nos casos em que não se dá a que opera *ope legis*.

Quantitativamente considerada, a compensação é total, quando as dívidas são de mesmo valor. É parcial, se forem os valores diferentes, caso em que se extinguem até a coincidência deles, restando um saldo a favor do titular do maior crédito.

3. Proferida decisão extintiva das obrigações por compensação, opera em caráter definitivo.

4. É manifesta a utilidade da compensação. Libera o devedor de pagar, por ser credor de seu credor. Informa as operações de conta-corrente, reduzindo a obrigação exigível ao saldo respectivo. As câmaras de compensação (*clearing houses*), tanto no plano nacional quanto no internacional, abreviam e simplificam a liquidação de saques gerados em estabelecimentos de crédito.

Texto do Código Civil de 2002:

Art. 369. A compensação efetua-se entre dívidas líquidas, vencidas e de coisas fungíveis.

Texto comentado por Caio Mário:
Idêntico ao do Código Civil.
Fontes: Código de 1916, art. 1.010; Projeto de Código de Obrigações de 1965, art. 246; Projeto de 1975, art. 367.

COMENTÁRIO

1. Posto que modalidade extintiva de obrigações, sem pagamento, a compensação requer a concorrência de certos requisitos, sem os quais não se efetua:

a) Cada um deve ser devedor da obrigação principal. Independentemente de suas origens, a compensação pressupõe a existência dos débitos. Se um deles não existir, ou já estiver extinto, não haverá compensação. Também não haverá se faltar a personalidade dos sujeitos, não operando se um deles pretender que se extinga débito seu com crédito de seu representado;

b) Os débitos devem ser de coisas fungíveis, isto é, do mesmo gênero e da mesma qualidade. Não basta, porém, que cada um deles tenha por objeto coisa fungível em si mesma. É necessário que sejam fungíveis entre si. A fungibilidade, no caso, será uma condição que pode ser indicada em uma palavra, dizendo-se que se requer sua *homogeneidade* (KARL LARENZ);

c) As dívidas devem ser *líquidas* e *vencidas*. A *liquidez* consiste em terem, ambas, existência positivada independentemente de qualquer processo de apuração. Não prejudica a liquidez imprecisão quantitativa nos títulos, nem a condição de solvência dos titulares. Não obsta a compensação ter um dos credores de receber na massa falimentar, com a abertura da falência de seu devedor. É *vencida* a dívida não sujeita à ocorrência de um termo. Não contraria esse requisito o fato de se verificar o vencimento antecipado da obrigação, nos termos da lei ou do contrato.

2. O problema da prescrição influi na compensação.

3. A indagação sobre se a *dívida prescrita* poder ser objeto de compensação exige verificar-se o momento em que terá ocorrido a prescrição, em face do vencimento do débito. Se a prescrição de uma consumou-se antes da coexistência delas, pode o prejudicado opor-se, sob o fundamento de que a prescrição extingue a pretensão (*Anspruch*) e, portanto, falta o requisito da exigibilidade. Se, porém, as duas dívidas coexistiam antes de escoado o prazo prescricional, a compensação operou *de iure* a extinção; a prescrição que deveria completar-se ulteriormente já encontra extintas as obrigações (cf. minhas *Instituições de Direito Civil*, vol. II, nº 163).

Texto do Código Civil de 2002:

Art. 370. Embora sejam do mesmo gênero as coisas fungíveis, objeto das duas prestações, não se compensarão, verificando-se que diferem na qualidade, quando especificada no contrato.

Texto comentado por Caio Mário:
Idêntico ao do Código Civil.

Fontes: Código de 1916, art. 1.011; Projeto de Código de Obrigações de 1965, art. 246, parágrafo único; Projeto de 1975, art. 368.

COMENTÁRIO

A fungibilidade consiste em que as dívidas devem ter por objeto prestações de mesmo gênero. Se o contrato especificar qualidades diferentes de cada uma, a compensação não se dará, porque, sem perderem a fungibilidade em si mesmos, os objetos deixarão de ser homogêneos, isto é, não terão fungibilidade recíproca (cf. comentários ao art. 369, I, b).

TEXTO DO CÓDIGO CIVIL DE 2002:

Art. 371. O devedor somente pode compensar com o credor o que este lhe dever; mas o fiador pode compensar sua dívida com a de seu credor ao afiançado.

TEXTO COMENTADO POR CAIO MÁRIO:
Idêntico ao do Código Civil.
Fontes: Código de 1916, art. 1.013; Projeto de Código de Obrigações de 1965, art. 251; Projeto de 1975, art. 369.

COMENTÁRIO

1. O artigo se refere à personalidade das dívidas e requer que se trate de pessoas que sejam credor e devedor, recíprocos e diretos. Descabe a compensação se uma delas figurar como sujeito em uma obrigação e representante na outra. O artigo abre uma exceção, para o fiador, tendo em vista que ele é chamado a solver o débito de seu afiançado. Além de lhe ser lícito compensar dívida sua com a que lhe deve o credor, pode também invocar a compensação do débito de seu afiançado ao credor. Não é crédito seu, mas opera a extinção da dívida pela qual é chamado a responder.

2. Outra exceção pode ser lembrada: o marido, no regime de comunhão de bens, pode compensar dívida sua com crédito de sua mulher, porque o matrimônio, neste caso, tem o efeito de confundir, num só acervo, os patrimônios dos cônjuges.

3. A exceção não se estende à faculdade de compensar o devedor seu débito com o que seu credor deve ao fiador. Falta, neste caso, a personalidade das dívidas: o fiador é sujeito passivo de uma relação acessória. Não pode seu afiançado beneficiar-se em prejuízo de seu fiador.

TEXTO DO CÓDIGO CIVIL DE 2002:

Art. 372. Os prazos de favor, embora consagrados pelo uso geral, não obstam a compensação.

TEXTO COMENTADO POR CAIO MÁRIO:
Idêntico ao do Código Civil.
Fontes: Código de 1916, art. 1.014; Projeto de Código de Obrigações de 1965, art. 252; Projeto de 1975, art. 370.

COMENTÁRIO

Para que ocorra compensação, é mister estejam vencidas ambas as dívidas. Se, porém, um dos devedores beneficiar-se com prazo moratório concedido graciosamente, não pode se opor à compensação. O benefício que obteve do credor não impede que este compense o crédito com o que lhe deve, porque o prazo de favor, ainda quando consagrado pelo uso geral, não altera o vencimento da obrigação.

TEXTO DO CÓDIGO CIVIL DE 2002:

Art. 373. A diferença de causa nas dívidas não impede a compensação, exceto:
I - se provier de esbulho, furto ou roubo;
II - se uma se originar de comodato, depósito ou alimentos;
III - se uma for de coisa não suscetível de penhora.

TEXTO COMENTADO POR CAIO MÁRIO:
Idêntico ao do Código Civil.
Fontes: Código de 1916, art. 1.015; Projeto de Código de Obrigações de 1965, art. 353; Projeto de 1975, art. 371.

NOTA DOS ATUALIZADORES:
No comentário, Caio Mário refere-se ao art. 649 do Código de Processo Civil de 1973, que corresponde ao art. 833 do Código de Processo Civil de 2015.

COMENTÁRIO

Não constitui requisito da compensação a identidade de origem ou de causa das dívidas. Seus requisitos são os que decorrem da lei. Abremse, contudo, algumas exceções:

A) a conduta antijurídica do credor não permite que ele se beneficie da compensação para extinguir dívida sua, que provenha de esbulho, furto ou roubo. É velho o princípio segundo o qual ninguém pode beneficiar-se, alegando a própria torpeza: *nemo auditur propriam turpitudinem allegans*;

B) um dos requisitos da compensação é a homogeneidade de dívidas. Se uma delas provier de comodato, depósito ou alimentos, faltará a fungibilidade com a outra dívida. No tocante aos alimentos, é de acrescer que se destina à subsistência do alimentando, que não pode estar sujeito aos azares de uma compensação com dívidas diversas;

C) o Código de Processo Civil de 1973 arrola o que não pode ser objeto de penhora (art. 649). E o Código Civil exclui da compensação as coisas impenhoráveis.

Texto do Código Civil de 2002:

~~**Art. 374.** A matéria da compensação, no que concerne às dívidas fiscais e parafiscais, é regida pelo disposto neste capítulo. (Vide Medida Provisória nº 75, de 24.10.2002)~~ (Artigo revogado pela Lei nº 10.677, de 22 de maio de 2003)

Texto do Código Civil de 2002:

Art. 375. Não haverá compensação quando as partes, por mútuo acordo, a excluírem, ou no caso de renúncia prévia de uma delas.

Texto comentado por Caio Mário:
Idêntico ao do Código Civil.

Fontes: Código de 1916, art. 1.018; Projeto de Código de Obrigações de 1965, art. 249; Projeto de 1975, art. 373.

COMENTÁRIO

1. Compensação não é matéria de ordem pública. Consequentemente, pode ser excluída por mútuo acordo dos interessados, estipulado previamente ou após a coincidência das dívidas.

É lícita a renúncia prévia. Esta pode ser expressa, quando constar de declaração explícita.

2. Considera-se renúncia tácita a opção feita pelo devedor demandado que, podendo declarar a compensação, prefere pagar. A hipótese não se confunde, entretanto, com a do credor que, podendo compensar, paga por erro, caso em que não se presume a renúncia. Não se confunde, também, com a da renúncia ulterior. Neste último caso, se a compensação operar a extinção da obrigação, e não obstante isto o devedor pagou, o seu crédito sobrevive (cf. minhas *Instituições de Direito Civil*, vol. II, nº 163).

Texto do Código Civil de 2002:

Art. 376. Obrigando-se por terceiro uma pessoa, não pode compensar essa dívida com a que o credor dele lhe dever.

Texto comentado por Caio Mário:
Idêntico ao do Código Civil.
Fontes: Código de 1916, art. 1.019; Projeto de Código de Obrigações de 1965, art. 254; Projeto de 1975, art. 374.

COMENTÁRIO

1. O novo Código deveria corrigir o texto do seu modelo de 1916. Segundo BEVILÁQUA, o Projeto Primitivo aludia a quem se obrigava em favor de terceiro, e ensina que é neste sentido que o preceito deve ser entendido. O meu Projeto de Código de Obrigações de 1965 restaurou a redação correta. Mas o novo Código, que tantas vezes o segue, manteve o teor do Código revogado não obstante gerador de incerteza.

2. Quem celebra obrigação beneficiando um terceiro, não tem direito a compensar a dívida com o seu crédito para com o devedor. Para dizer que não há compensação de débito próprio com crédito de seu representado, não havia necessidade de disposição diversa da do art. 368.

Texto do Código Civil de 2002:

Art. 377. O devedor que, notificado, nada opõe à cessão que o credor faz a terceiros dos seus direitos, não pode opor ao cessionário a compensação, que antes da cessão teria podido opor ao cedente. Se, porém, a cessão lhe não tiver sido notificada, poderá opor ao cessionário compensação do crédito que antes tinha contra o cedente.

TEXTO COMENTADO POR CAIO MÁRIO:

Idêntico ao do Código Civil.

Fontes: Código de 1916, art. 1.021; Projeto de 1975, art. 375.

COMENTÁRIO

1. A disposição complementa a norma contida no art. 294. O momento oportuno para que se oponha a compensação ao cessionário é o da notificação da cessão. Não o fazendo, perde direito à compensação.

Feita a cessão sem que o devedor seja notificado, pode opor ao cessionário a compensação que, antes da cessão, tinha contra o cedente.

2. Não há compensação, entretanto, de crédito contra o cedente, posterior à cessão.

TEXTO DO CÓDIGO CIVIL DE 2002:

Art. 378. Quando as duas dívidas não são pagáveis no mesmo lugar, não se podem compensar sem dedução das despesas necessárias à operação.

TEXTO COMENTADO POR CAIO MÁRIO:

Idêntico ao do Código Civil.

Fontes: Código de 1916, art. 1.022; Projeto de Código de Obrigações de 1965, art. 248; Projeto de 1975, art. 376.

COMENTÁRIO

A diversidade de locais de pagamento não constitui obstáculo à compensação. Não sendo razoável que um dos interessados tenha a sua situação agravada por este motivo, as despesas devem ser deduzidas. A redação do meu Projeto de Código de Obrigações enuncia-o melhor: se as dívidas não são pagáveis no mesmo lugar, podem compensar-se com abatimento das despesas necessárias ao recebimento.

Texto do Código Civil de 2002:

Art. 379. Sendo a mesma pessoa obrigada por várias dívidas compensáveis, serão observadas, no compensá-las, as regras estabelecidas quanto à imputação do pagamento.

Texto comentado por Caio Mário:

Idêntico ao do Código Civil.

Fontes: Código de 1916, art. 1.023; Projeto de Código de Obrigações de 1965, art. 247; Projeto de 1975, art. 377.

COMENTÁRIO

À compensação, como modalidade extintiva de obrigação, aplicam-se as disposições relativas à imputação de pagamento, havendo pluralidade de dívidas a cargo da mesma pessoa.

Texto do Código Civil de 2002:

Art. 380. Não se admite a compensação em prejuízo de direito de terceiro. O devedor que se torne credor do seu credor, depois de penhorado o crédito deste, não pode opor ao exequente a compensação, de que contra o próprio credor disporia.

Texto comentado por Caio Mário:

Idêntico ao do Código Civil.

Fontes: Código de 1916, art. 1.024; Projeto de Código de Obrigações de 1965, art. 255; Projeto de 1975, art. 378.

COMENTÁRIO

No propósito de resguardar dívida de terceiro, o Código considera não compensável o crédito posterior à penhora contra o crédito do exequente. Ao crédito anterior não se aplica a mesma regra, porque a compensação já o terá extinguido, e o procedimento executório do terceiro não o alcança como bem livre do devedor. Somente a penhora anterior à compensação é que torna o crédito incompensável.

Capítulo VIII
DA CONFUSÃO

TEXTO DO CÓDIGO CIVIL DE 2002:

Art. 381. Extingue-se a obrigação, desde que na mesma pessoa se confundam as qualidades de credor e devedor.

TEXTO COMENTADO POR CAIO MÁRIO:
Idêntico ao do Código Civil.

Fontes: Código de 1916, art. 1.049; Projeto de Código de Obrigações de 1965, art. 259; Projeto de 1975, art. 379.

COMENTÁRIO

Se por um fato estranho à relação obrigacional as qualidades de credor e devedor se reúnam na mesma pessoa, a obrigação extingue-se, pela negação mesma de seu conceito. Esta modalidade extintiva já era enunciada pelos romanos: *cum in eadem personam ius stipulantis promittentisque devenit*. Embora mais frequente na vida negocial, a confusão pode ocorrer no campo dos direitos reais, quando na mesma pessoa se reúnem a propriedade e um direito real sobre a coisa.

Pode advir a confusão por via de sucessão *mortis causa* (*e.g.*, o herdeiro sucede num título de crédito contra si mesmo), ou por ato *inter vivos* (*e.g.*, cessão de crédito). Também pode originar-se do casamento, quando antes dele marido e mulher eram credores um do outro.

O Direito brasileiro insere a confusão entre os casos de extinção sem pagamento. E enuncia-a no pressuposto de que a pretensão e a obrigação concorrem no mesmo titular (LARENZ). Caso contrário, não. Por este motivo, não a comportam os títulos ao portador, mesmo que adquiridos pelo emitente.

Operada entre o sucessor e o fiador, extingue-se a fiança, mas subsiste o débito afiançado; entre este e o sucessor, extingue-se a dívida e, com ela, a fiança.

Com a obrigação, extinguem-se os acessórios e garantias.

TEXTO DO CÓDIGO CIVIL DE 2002:

Art. 382. A confusão pode verificar-se a respeito de toda a dívida, ou só de parte dela.

TEXTO COMENTADO POR CAIO MÁRIO:
Idêntico ao do Código Civil.
Fontes: Código de 1916, art. 1.050; Projeto de Código de Obrigações de 1965, art. 260; Projeto de 1975, art. 380.

COMENTÁRIO

Dá-se a confusão total, se é na dívida inteira que sucede o credor, por causa de morte ou entre vivos. Parcial, no caso de suceder o devedor em parte do débito, e não na totalidade (o herdeiro sucede em parte do crédito de que é devedor, recebendo o restante dele os demais coerdeiros).

TEXTO DO CÓDIGO CIVIL DE 2002:

Art. 383. A confusão operada na pessoa do credor ou devedor solidário só extingue a obrigação até a concorrência da respectiva parte no crédito, ou na dívida, subsistindo quanto ao mais a solidariedade.

TEXTO COMENTADO POR CAIO MÁRIO:
Idêntico ao do Código Civil.
Fontes: Código Civil de 1916, art. 1.051; Projeto de Código de Obrigações de 1965, art. 262; Projeto de 1975, art. 381.

COMENTÁRIO

Não se estende a confusão a todos os sujeitos, passivos ou ativos, da obrigação solidária. Na solidariedade ativa, a confusão extingue a obrigação até a concorrência de sua parte no crédito, continuando a dívida em relação aos demais credores. Na solidariedade passiva, a obrigação se extingue em relação à parte na dívida, subsistindo a solidariedade quanto aos demais coobrigados.

TEXTO DO CÓDIGO CIVIL DE 2002:

Art. 384. Cessando a confusão, para logo se restabelece, com todos os seus acessórios, a obrigação anterior.

TEXTO COMENTADO POR CAIO MÁRIO:
Idêntico ao do Código Civil.
Fontes: Código de 1916, art. 1.052; Projeto de 1975, art. 382.

COMENTÁRIO

Na sistemática legal, a confusão é uma causa extintiva decorrente da reunião, na mesma pessoa, das qualidades creditória e debitória. Enquanto permanecem separados os patrimônios, como no caso de a dívida figurar no inventário, a obrigação subsiste. Somente no momento em que ocorre a unidade da relação obrigacional é que se dá a confusão, com efeito extintivo. Se, ulteriormente, os patrimônios vêm a se separar, como no caso de se anular o testamento em virtude do qual o devedor é instituído herdeiro de seu credor, cessa a confusão, e a obrigação se restabelece. Restauram-se as garantias, e retornam os acessórios, com efeito retroativo, como se nunca tivesse havido a confusão.

Ressalvam-se, todavia, os direitos de terceiros. Se a garantia hipotecária se defrontar com inscrição no Registro Imobiliário, realizada após a confusão, revive a hipoteca, mas não terá prioridade sobre a inscrição que se fez, na fase em que o imóvel esteve liberado (SERPA LOPES).

Capítulo IX
DA REMISSÃO DAS DÍVIDAS

TEXTO DO CÓDIGO CIVIL DE 2002:

Art. 385. A remissão da dívida, aceita pelo devedor, extingue a obrigação, mas sem prejuízo de terceiro.

TEXTO COMENTADO POR CAIO MÁRIO:
Idêntico ao do Código Civil.
Fontes: Projeto de Código de Obrigações de 1965, art. 256; Projeto de 1975, art. 383.

COMENTÁRIO

1. A remissão ou perdão da dívida é modalidade de extinção direta da obrigação, análoga ao pagamento, posto se faça graciosamente. Dentro do regime do Código Civil de 1916, admitia boa parte da doutrina caracterizar-se como renúncia. Na sistemática do novo Código, que seguiu orientação de meu Projeto de Código de Obrigações, tem sentido convencional, uma vez que no mesmo artigo insere-se a aceitação do devedor.

2. A remissão pode ser expressa ou tácita, conforme conste de declaração explícita ou de um comportamento do credor incompatível com o exercício da pretensão. É preciso, entretanto, não confundir a remissão tácita ou implícita com a mera tolerância ou inatividade do credor.

3. Não há *forma* especial para a remissão. Depende da natureza da obrigação, e das providências que se devam seguir, para operar a liberação plena do devedor. Se se tratar de garantia hipotecária, deve constar de instrumento hábil para o cancelamento da inscrição. Se for feito por testamento, há de obedecer a forma deste.

4. Para sua validade é mister que o remitente seja dotado de aptidão para dispor do direito, e o devedor tenha capacidade para manifestar validamente sua vontade, embora não se dispense o favorecimento da ordem legal, no sentido de liberar o devedor: *favor liberationis*.

TEXTO DO CÓDIGO CIVIL DE 2002:

Art. 386. A devolução voluntária do título da obrigação, quando por escrito particular, prova desoneração do devedor e seus coobrigados, se o credor for capaz de alienar, e o devedor capaz de adquirir.

TEXTO COMENTADO POR CAIO MÁRIO:
Idêntico ao do Código Civil.
Fontes: Código Civil de 1916, art. 1.053; Projeto de 1975, art. 384.

COMENTÁRIO

1. O Código institui uma presunção, decorrente da entrega do título da obrigação ao devedor. Nesta norma estão presentes dois fatos, sem os quais a *praesumptio* não se opera. Em primeiro lugar, é necessário que se trate de entrega de título, e não de detenção de título pelo devedor. Este pode ter-lhe a posse por via irregular, ou sem a causa extintiva. É mister haja um ato de entrega efetiva e real. Em segundo lugar, tem ela que ser voluntária, e não obtida por meios ilícitos ou violentos. A entrega deve ser feita pelo credor em pessoa ou por quem legitimamente o representa ou tenha poderes para fazê-lo com efeito liberatório.

2. O Código refere-se ao título particular, atendendo a que o instrumento público comporta a coexistência de documentos de igual valor. O artigo quer referir-se ao título que, por si, represente a dívida, e cuja solução se realiza com a sua tradição ao devedor.

3. Não fica, entretanto, excluída a remissão em instrumento à parte, entre vivos ou *causa mortis*.

TEXTO DO CÓDIGO CIVIL DE 2002:

Art. 387. A restituição voluntária do objeto empenhado prova a renúncia do credor à garantia real, não a extinção da dívida.

TEXTO COMENTADO POR CAIO MÁRIO:
Idêntico ao do Código Civil.

Fontes: Código de 1916, art. 1.054; Projeto de Código de Obrigações de 1965, art. 257; Projeto de 1975, art. 385.

COMENTÁRIO

O artigo faz presumir a remissão somente da garantia, com subsistência da obrigação. Para que ocorra a liberação, é necessário que a entrega seja voluntária e efetiva. A posse do objeto, por si só, não induz presunção de renúncia da garantia real.

TEXTO DO CÓDIGO CIVIL DE 2002:

Art. 388. A remissão concedida a um dos co-devedores extingue a dívida na parte a ele correspondente; de modo que, ainda reservando o credor a solidariedade contra os outros, já lhes não pode cobrar o débito sem dedução da parte remitida.

Texto comentado por Caio Mário:
Idêntico ao do Código Civil.

Fontes: Código Civil de 1916, art. 1.055; Projeto de Código de Obrigações de 1965, art. 258; Projeto de 1975, art. 386.

COMENTÁRIO

O credor pode perdoar a dívida a todos os codevedores, ou a um deles. No primeiro caso, a obrigação extingue-se, no segundo, somente quanto ao devedor remitido. Concedido ao devedor principal, exonera o fiador. Liberando este, subsiste a dívida afiançada.

Sendo vários os devedores, a remissão concedida a um deles extingue a obrigação na parte em que lhe corresponde. Se forem solidários, e ressalvada a solidariedade, poderá demandar a dívida aos demais, porém deduzindo a parte correspondente ao devedor remitido. Caso contrário, o ato de renúncia agrava as condições dos outros, e não tem efeito de remissão.

Sendo indivisível o objeto, e um dos credores remitir a dívida, não se extingue a obrigação em relação aos demais credores, que poderão exigir o pagamento, com desconto, entretanto, da parte relativa ao remitente (M. I. CARVALHO DE MENDONÇA).

Título IV
DO INADIMPLEMENTO DAS OBRIGAÇÕES

Capítulo I
DISPOSIÇÕES GERAIS

TEXTO DO CÓDIGO CIVIL DE 2002:

Art. 389. Não cumprida a obrigação, responde o devedor por perdas e danos, mais juros e atualização monetária segundo índices oficiais regularmente estabelecidos, e honorários de advogado.

TEXTO COMENTADO POR CAIO MÁRIO:
Idêntico ao do Código Civil.
Fontes: Código Civil de 1916, art. 1.056; Projeto de Código de Obrigações de 1965, art. 173; Projeto de 1975, art. 387.

COMENTÁRIO

1. Inadimplemento da obrigação é a falta da prestação devida, atribuível ao devedor. Qualquer que seja ela (entrega de uma coisa, prestação de um fato, abstenção), o credor tem direito ao seu cumprimento, tal como constitui objeto da obrigação. A falta da prestação pode ser inimputável ao devedor, daí resultando a extinção do vínculo, sem outras consequências, ou será ele responsável pelo inadimplemento, e, então, cabe ao credor exercer sobre o patrimônio dele o poder de suprir a ausência da prestação.

Cabe, antes de tudo, distinguir a impossibilidade *simultânea* à formação do vínculo, da *superveniente*. A primeira conduz à invalidade da *obligatio*. A segunda refere-se a este título, cuidando da inexecução da obrigação e suas consequências.

2. O inadimplemento diz-se absoluto ou relativo. Absoluto, se faltar inteiramente a prestação, não recebendo o credor aquilo a que o devedor se obrigou. Relativo, se apenas parte da *res debita* deixou de ser prestada, ou se o devedor não cumpriu a obrigação no tempo devido, o que constitui matéria enfeixada sob a epígrafe genérica "da mora", objeto do Capítulo seguinte.

3. O descumprimento da obrigação, pelo devedor, sujeita-o a responder pelas perdas e danos, reparando o prejuízo que o inadimplemento gerou para o credor. As perdas e danos variam na conformidade da extensão do descumprimento. Seja, então, absoluto ou relativo, o inadimplemento sujeita o faltoso a reparar o prejuízo. Não cumprida a obrigação, ou simplesmente deixando de fazê-lo, pelo modo e no tempo devidos, são devidas as perdas e danos.

4. As perdas e danos constituem, portanto, mera mutação objetiva da obrigação, sub-rogando-se nelas a primitiva prestação.

Texto do Código Civil de 2002:

Art. 390. Nas obrigações negativas o devedor é havido por inadimplente desde o dia em que executou o ato de que se devia abster.

Texto comentado por Caio Mário:
Idêntico ao do Código Civil.
Fontes: Código Civil de 1916, art. 961; Projeto de 1975, art. 388.

COMENTÁRIO

A matéria é antes pertinente à mora do que às disposições gerais. O devedor obrigou-se a uma abstenção. Realizando o fato, ou praticando o ato, descumpre o obrigado, e, na forma do que dispõe o artigo anterior, está sujeito às perdas e danos. Neste caso, incorre em mora, independentemente de qualquer notificação, interpelação ou protesto, desde o momento em que deixou de se abster.

A inexecução da obrigação negativa decorre, automaticamente, do ato ou fato realizado. E o momento em que se caracteriza a falta do devedor é aquele em que deixou de se abster. Neste momento, está o devedor constituído em mora. E, por via de consequência, aí situa-se o ponto de partida para a composição dos prejuízos.

TEXTO DO CÓDIGO CIVIL DE 2002:

Art. 391. Pelo inadimplemento das obrigações respondem todos os bens do devedor.

TEXTO COMENTADO POR CAIO MÁRIO:

Art. 389. Pelo inadimplemento das obrigações respondem todos os bens, presentes e futuros do devedor.

Fontes: Código Civil de 1916, art. 1.556; Projeto de Código de Obrigações de 1965, art. 91; Projeto de 1975, art. 389.

NOTA DOS ATUALIZADORES:

A redação final do Código Civil suprimiu o termo "*presentes e futuros do devedor*". Trata-se de alteração ociosa, pois não há discussão, nem na doutrina nem na jurisprudência, sobre a extensão da responsabilidade do devedor a todos os seus bens, presentes e futuros – orientação confirmada pelo Código de Processo Civil de 2015, na esteira do que dispunha o Código de Processo Civil de 1973, conforme anotado no comentário abaixo. No texto, Caio Mário refere-se aos arts. 591, 646 e 649 do Código de Processo Civil de 1973, que correspondem aos arts. 789, 824 e 833 do Código de Processo Civil de 2015.

COMENTÁRIO

1. O conceito de *patrimônio* é muito controvertido entre os escritores. Para uns, seria o conjunto de bens, expurgado ele das dívidas e encargos. DE PAGE leva-o ao extremo de reduzi-lo aos bens penhoráveis. Para outros (LACERDA DE ALMEIDA) é uma "unidade abstrata", distinta dos elementos que o contêm. Neste sentido, é reputado como a personalidade do homem, considerada em suas relações exteriores (AUBRY ET RAU). Não faltou quem o apresente como "receptáculo ideal" onde se recolhem valores ativos e passivos. Numa simplificação conceitual, seria o complexo das relações jurídicas de uma pessoa, economicamente apreciáveis (CLÓVIS BEVILÁQUA). Certo, entretanto, é que todo indivíduo em sociedade tem um patrimônio, como conjunto de valores econômicos, independentemente de preponderarem, em dado momento, os valores passivos sobre os ativos. Descabe, aqui, discutir se é uno e indivisível, ou como opera a ideia dos patrimônios separados, e em que consiste a "teoria da afetação" (cf. sobre patrimônio em todos os aspectos minhas *Instituições de Direito Civil*, vol. I, nº 67).

2. Sem embargo da polêmica a propósito de sua noção teórica, certo é que os credores têm, no patrimônio do devedor, garantia para seus créditos, o que lhes permite promover a expropriação judicial (penhora) do bem (Código de Processo Civil de 1973, art. 646) para satisfazer o seu direito, obtendo, pela sua venda forçada, a quantia que liquida o débito.

3. Com todos os bens, presentes e futuros, salvo as restrições legais, o devedor responde pelo cumprimento das obrigações, como se expressa o artigo, e confirma o Código de Processo Civil de 1973, art. 591. Neste mesmo sentido, já rezava o meu Projeto de Código de Obrigações, art. 91. Em todo tempo, o credor encontra no patrimônio do devedor o princípio de garantia, que lhe assegura receber o seu crédito pelos bens, sejam presentes, sejam futuros, do devedor.

4. O patrimônio é a garantia genérica do adimplemento das obrigações do devedor. Se este procede irregularmente, alienando bens e com isto desfalcando aquela garantia, realiza negócio jurídico inquinado de defeito (fraude contra credores), cuja consequência é a anulação, para trazer de novo o bem desviado, e retorná-lo à condição de garantia.

5. Pode o devedor separar de seu patrimônio um bem determinado e transformá-lo em garantia específica de um certo débito, mediante penhor, hipoteca, anticrese, alienação fiduciária. Neste caso, o respectivo credor tem, em caráter privilegiado, o seu crédito assegurado por aquele bem, por cujo valor satisfaz preferencialmente a outros credores. Pode, também, uma pessoa destacar um bem de seu patrimônio, e dá-lo em garantia real a obrigação de outra pessoa.

6. A todo tempo, os valores economicamente apreciáveis de uma pessoa, integrantes de seu patrimônio, respondem pelas dívidas. No caso de serem estas em valor excedente dos elementos patrimoniais ativos, instaura-se um concurso de preferências, pagando em primeiro plano os créditos privilegiados, e rateando-se entre os demais o líquido apurado.

7. Nos termos do artigo, a responsabilidade pela solução da obrigação nasce no momento em que esta é constituída. Todo o acervo patrimonial do devedor constitui a garantia para o credor e responde pelo adimplemento. Não se restringe, entretanto, o princípio da responsabilidade aos bens contemporâneos à constituição da obrigação. Aqueles que de futuro vierem a integrar o patrimônio aderem à garantia genérica.

8. Excluem-se, obviamente, os bens que não têm expressão econômica, como os de família puros, os de personalidade, inerentes à pessoa em vida e *post mortem*. Excluem-se, igualmente, aqueles bens que, em razão de sua natureza, são absolutamente impenhoráveis (Código de Processo Civil de 1973, art. 649).

TEXTO DO CÓDIGO CIVIL DE 2002:

Art. 392. Nos contratos benéficos, responde por simples culpa o contratante, a quem o contrato aproveite, e por dolo aquele a quem não favoreça. Nos contratos onerosos, responde cada uma das partes por culpa, salvo as exceções previstas em lei.

TEXTO COMENTADO POR CAIO MÁRIO:
Idêntico ao do Código Civil.
Fontes: Código Civil de 1916, art. 1.057; Projeto de 1975, art. 390.

COMENTÁRIO

1. *Culpa* é a infração de um dever, seja ele convencional ou legal, por ação voluntária ou por omissão do agente. O elemento fundamental de sua etiologia é a existência de um dever preexistente. Infringindo norma predeterminante de conduta, o indivíduo atenta contra a ordem jurídica. O Direito brasileiro não cogita de gradações da culpa, como outros sistemas, que atentam no comportamento individual, aferindo-o em confronto com um padrão ideal de homem diligente, e classificam a *culpa lata*, *culpa leve* e *levissima*. Para definir a responsabilidade do agente, é bastante assentar o seu conceito na transgressão de norma preexistente. E neste mesmo conceito, cabe a culpa contratual, como a culpa extracontratual, ou aquiliana.

Segundo o modo de proceder do agente, diz-se que há culpa *in vigilando* quando o agente falta ao dever de velar ou comete uma desatenção quando tinha o dever de estar atento; culpa *in omittendo*, quando o agente se abstém ou é omisso no que lhe cabe fazer; culpa *in eligendo*, quando há má escolha de pessoa a quem uma tarefa é confiada; culpa *in contrahendo*, quando o agente, ao contratar, procede de modo a levar a outra parte a celebrar um contrato, prestando-lhe informações, ou omitindo dados que a levem a conduzir negociações que lhe causem prejuízo (VON JHERING).

Dolo é a infração de um dever legal ou contratual, cometida com a consciência do resultado danoso. Na sua moderna conceituação não se insere a preordenada vontade de violar a obrigação (RUGGIERO). Sua noção tradicional resumia-se no *animus injuriandi* (M. I. CARVALHO DE MENDONÇA), ou vontade de causar o dano. Basta, a caracterizá-lo, que o agente tenha a consciência da infração, e a consciência do dano que se lhe siga. Tratando-se de apreciação que muitas vezes prima pela subjetividade, o Direito brasileiro, genericamente, contenta-se, para definir a responsabilidade, com a noção de culpa, embora às vezes apure a existência de dolo para aferir a extensão da responsabilidade.

2. Conforme dispõe o artigo, esta distinção está presente na classificação dos contratos segundo a criação de ônus e vantagens para os contraentes.

Quando o contrato gera vantagens para ambas as partes (contratos onerosos), responde cada uma das partes por culpa. Ressalvam-se as exceções previstas em lei, quer para exonerar, quer para exigir a aferição da gravidade ou consciência da infração.

Se o contrato beneficia uma só das partes, cabe distinguir: aquele que dos contraentes se beneficia responde pela culpa; porém o outro, a quem não favoreça, só é responsável se proceder dolosamente.

Texto do Código Civil de 2002:

Art. 393. O devedor não responde pelos prejuízos resultantes de caso fortuito ou força maior, se expressamente não se houver por eles responsabilizado.

Parágrafo único. O caso fortuito ou de força maior verifica-se no fato necessário, cujos efeitos não era possível evitar ou impedir.

Texto comentado por Caio Mário:

Art. 391. O devedor não responde pelos prejuízos resultantes de caso fortuito, ou força maior, se expressamente não se houver por eles responsabilizado.

Fontes: Código Civil de 1916, art. 1.058; Projeto de 1975, art. 391.

Nota dos atualizadores:
Na redação final do Código Civil, incluiu-se o parágrafo único, contendo definição de caso fortuito ou de força maior, com redação idêntica à do art. 1.058, parágrafo único, do Código Civil de 1916.

COMENTÁRIO

1. O princípio da responsabilidade assenta na infração de uma norma preexistente. Se a obrigação se impossibilita por imposição de acontecimento estranho ao poder do agente, extingue-se a obrigação sem ressarcimento ao credor. Aí situam-se as noções de caso fortuito e de força maior. *Caso fortuito* é o acontecimento natural ou evento derivado de fato das coisas. *Força maior* é o que se origina de um fato humano, seja o causado por um indivíduo, seja o que provém das autoridades (*factum principis*). Embora tecnicamente se distingam, o caso fortuito e a força maior podem ser traduzidas no "*fato necessário, cujos efeitos não era possível evitar ou impedir*" (Código Civil de 1916, art. 1.058, parágrafo único).

Na sua determinação apuram-se os seus requisitos: a) *necessariedade*, que consiste no obstáculo estranho ao poder do devedor, imposto pelo acontecimento natural ou pelo fato de terceiro; b) *inevitabilidade*, assentada em que o agente não tem meios de impedir os seus efeitos. Não se exige a *imprevisibilidade*, a não ser quando determinante da inevitabilidade ou associado a ela.

Se o devedor deixa de cumprir em razão de um caso fortuito, não se lhe impõe o dever de ressarcimento: *casus a nullo praestatur*. O mesmo, se o obstáculo provém de força maior.

2. Além da exoneração do devedor assentada na apuração do caso fortuito ou de força maior, que deve ele provar, uma vez que pretende justificar a impossibilidade da prestação, o direito admite a *exoneração convencional*, fundada em cláusula de não indenizar (JOSÉ DE AGUIAR DIAS). A sua estipulação é admitida, desde que não resulte a inexecução de dolo do devedor, ou não atente a convenção contra a ética e os bons costumes (cf. minhas *Instituições de Direito Civil*, vol. II, nº 178).

Capítulo II
DA MORA

TEXTO DO CÓDIGO CIVIL DE 2002:

Art. 394. Considera-se em mora o devedor que não efetuar o pagamento e o credor que não quiser recebê-lo no tempo, lugar e forma que a lei ou a convenção estabelecer.

TEXTO COMENTADO POR CAIO MÁRIO:
Idêntico ao do Código Civil.

Fontes: Código Civil de 1916, art. 955; Projeto de Código de Obrigações, art. 179; Projeto de 1975, art. 392.

COMENTÁRIO

1. Uma das circunstâncias que acompanham o pagamento é o tempo. A obrigação deve ser executada oportunamente, sem atraso. Mora é, então, o retardamento injustificado de qualquer dos sujeitos da relação obrigacional. Nela pode incorrer tanto o sujeito ativo, credor, e se diz *mora credendi* ou *mora accipiendi*; como o devedor, e se fala em *mora debendi* ou *mora solvendi*. Uma e outra importam em inexecução da obrigação. Umas vezes, traduz impossibilidade ou inutilidade da prestação, quando esta é proveitosa e eficaz se efetuada em dado momento. Neste caso ela se confunde com o inadimplemento total da *obligatio* (GIORGI, ESPINOLA, OROZIMBO NONATO). Outras vezes é o retardo puro e só, e como tal deve ser tratado, na sua ontologia como nos seus efeitos.

Na sua etiologia, a caracterização da mora exige mais do que o só atraso no cumprimento da obrigação. A este fator, que seria o elemento objetivo, há de aliar-se um outro, subjetivo, que o artigo faz ressaltar, quer na mora do devedor (atraso culposo), quer na do devedor (recusa).

Além destes, um terceiro é de se acrescer: a constituição em mora, que pode ocorrer de pleno direito, e pode exigir interpelação, e que é objeto do art. 397.

2. *Mora solvendi*. Para sua caracterização, concorrem três requisitos: exigibilidade da obrigação, inexecução culposa, constituição em mora. A *exigibilidade* da obrigação pressupõe liquidez e certeza da dívida, isto é, que ela tenha existência real e que seja determinada e individuada a prestação. A ausência de liquidez, que no Direito Romano obstava a ocorrência de mora (*in illiquidis non fit mora*), é amenizada no Direito pátrio, advertindo-se que nas obrigações ilíquidas correm juros moratórios desde a citação inicial (art. 405). Líquida e certa a dívida, é mister esteja vencida, isto é, dotada de exigibilidade imediata. Na pendência de condição suspensiva ou antes do termo final, não pode o credor exigir o pagamento, e, portanto, o devedor não incorre em mora.

A *culpa do devedor* é outro elemento fundamental. Não haverá mora se o atraso não lhe for imputável. A falta de execução no momento aprazado faz presumir a culpa, porém a presunção é *iuris et de iure*. Ao devedor, para eximir-se dos efeitos da mora, cabe provar o caso fortuito (*casus*) ou a força maior (*vis maior*). Não vale, entretanto, alegar dificuldade meramente relativa ou de cunho puramente subjetivo.

3. *Mora accipiendi*. Também nesta, devem estar presentes dois requisitos. O elemento objetivo consiste na existência de obrigação líquida e vencida. Um débito de prestação determinada, cuja solução não é subordinada a condição ou termo. O elemento subjetivo consiste na recusa do credor, que se prova diretamente quando ele manifesta explicitamente sua oposição ao recebimento, ou provém de obstáculo, subterfúgio ou embaraço à *solutio* da parte do devedor. O elemento característico da recusa é a prévia *oferta* da prestação.

4. Em qualquer dos casos – *mora debendi* e *mora credendi* –, a determinação da natureza quesível ou portável da dívida tem grande importância como elemento informativo da conduta do devedor ou do credor. Se a dívida é quesível, cabe ao credor movimentar-se para receber no domicílio do devedor; se é portável, tem este último o dever de levar a prestação ao credor.

TEXTO DO CÓDIGO CIVIL DE 2002:

Art. 395. Responde o devedor pelos prejuízos a que sua mora der causa, mais juros, atualização dos valores monetários segundo índices oficiais regularmente estabelecidos, e honorários de advogado.

Parágrafo único. Se a prestação, devido à mora, se tornar inútil ao credor, este poderá enjeitá-la, e exigir a satisfação das perdas e danos.

TEXTO COMENTADO POR CAIO MÁRIO:
Idêntico ao do Código Civil.
Fontes: Código de 1916, art. 956; Projeto de Código de Obrigações de 1965, art. 183; Projeto de 1975, art. 393.

COMENTÁRIO

1. Tratando especialmente da mora do devedor, o Código enfatiza que o retardamento na prestação importa em inadimplência. Duas situações podem advir. O retardo prejudica o credor, que faz jus aos juros moratórios e ao ressarcimento dos danos que a prestação a destempo causar. Assim acontecendo, o credor pode exigir conjuntamente a prestação e a indenização do prejuízo.

Pode, outrossim, acontecer que a prestação somente é útil ao credor quando realizada no tempo certo, fora do qual é inútil. Neste caso, o credor tem a faculdade de enjeitá-la, e exigir que o devedor o indenize do prejuízo. Nesta circunstância, a mora equivale ao inadimplemento absoluto.

2. O mesmo direito à recusa da prestação tardia assiste ao credor, quando é vinculada a um contrato, cuja resolução seja condicionada ao pagamento *opportuno tempore.* Não satisfeito na época determinada, enseja ao credor o rompimento da avença.

TEXTO DO CÓDIGO CIVIL DE 2002:

Art. 396. Não havendo fato ou omissão imputável ao devedor, não incorre este em mora.

TEXTO COMENTADO POR CAIO MÁRIO:
Idêntico ao do Código Civil.
Fontes: Código Civil de 1916, art. 963; Projeto de Código de Obrigações de 1965, art. 181; Projeto de 1975, art. 394.

COMENTÁRIO

O dispositivo, que não se inseria no Código de 1916 e o novo transpôs do meu Projeto de Código de Obrigações, compõe a etiologia da *mora solvendi.* Não basta, para caracterizá-la, a existência de dívida líquida, certa e exigível, como não é suficiente ser tardia a prestação. Para que se caracterize a demora, é de mister a culpa do devedor. Considera-se culpado este, se a demora provier de fato ou de omissão a ele imputável. Embora o retardo faça presumir a conduta culposa, cabe ao devedor evidenciar que o atraso lhe foi imposto por um acontecimento cujos efeitos não teve ele condições de evitar ou impedir.

TEXTO DO CÓDIGO CIVIL DE 2002:

Art. 397. O inadimplemento da obrigação, positiva e líquida, no seu termo, constitui de pleno direito em mora o devedor.

Parágrafo único. Não havendo termo, a mora se constitui mediante interpelação judicial ou extrajudicial.

TEXTO COMENTADO POR CAIO MÁRIO:

Idêntico ao do Código Civil.

Fontes: Código Civil de 1916, art. 960; Projeto de Código de Obrigações de 1965, art. 180; Projeto de Código de Obrigações de 1975, art. 395.

COMENTÁRIO

1. Cogita o artigo da "constituição em mora", elemento fundamental desta, e se insere entre os seus requisitos, pois sem ele não se pode determinar se houve atraso no pagamento. Prevê-se aqui a ocorrência de duas situações, que estabelecem duas modalidades de mora: *pleno iure*, ou decorrente da iniciativa da outra parte.

2. Sendo a obrigação positiva e líquida, e a termo certo, o devedor que não pagar está constituído de pleno direito em mora. É o que se denomina *mora ex re*. Neste caso, não é necessária interpelação, dizendo-se que a data de vencimento, em si mesma, faz as vezes da interpelação: *dies interpellat pro homine.*

Cumpre, todavia, esclarecer que, por força de estipulação ou de disposição legal, casos há em que, mesmo sendo a dívida a termo certo, é mister a interpelação, para que se determine que o devedor, ou o credor está em demora. Nestas hipóteses, ocorre o afastamento convencional ou legal da *mora ex re.*

3. Na falta de termo certo para a obrigação, não está o devedor sujeito a um prazo assinado no título, nem o credor tem um momento pré-definido para receber. Para a constituição em mora é necessário que o interessado promova a interpelação, e, como depende de iniciativa da pessoa, diz-se que é *mora ex persona*. Neste caso, a constituição em mora produz efeitos a partir de quando se efetiva (efeitos *ex nunc*) ao contrário da *mora ex re* que produz efeitos desde a ocorrência do termo (efeitos *ex tunc*).

4. O novo Código deixa claro que a interpelação pode ser judicial ou extrajudicial. Qualquer que seja o procedimento, por meio dele o interessado toma a iniciativa de constituir o outro em demora.

5. Pode, ainda, ocorrer que o cumprimento da obrigação, por parte do devedor, exige participação do credor. Neste caso, cabe ao devedor promover a sua interpelação para que cumpra a parte que lhe incumbe. Não o fazendo, considera-se em mora desde o momento que lhe for assinado para realizar o que está a seu cargo.

TEXTO DO CÓDIGO CIVIL DE 2002:

Art. 398. Nas obrigações provenientes de ato ilícito, considera-se o devedor em mora, desde que o praticou.

TEXTO COMENTADO POR CAIO MÁRIO:
Idêntico ao do Código Civil.
Fontes: Código Civil de 1916, art. 962; Projeto de 1975, art. 396.

COMENTÁRIO

1. Há casos em que, por força de lei, dá-se mora de pleno direito. Um deles é o previsto neste artigo. Em sua redação, o modelo de 1916 referia-se a "delito", como expressão genérica, para compreender procedimento contra direito. Dúvida havia, entretanto, se se restringia ou não a alguma figura criminal, talvez porque a fonte romana tinha em vista o ladrão (*fur*) quando o enunciava: *fur semper moram facere videtur*. A doutrina, entretanto, estendia o princípio a todo procedimento originado de uma antijuridicidade (cf. minhas *Instituições de Direito Civil*, vol. II, nº 173). Com a redação atual, a dúvida desaparece, instituindo-se a mora *ex re* em todos os casos de ato ilícito.

2. Mora *ex re* também ocorre nas obrigações negativas, tal como rezava o art. 961 do Código de 1916, que o novo deslocou para as disposições gerais de inadimplemento da obrigação.

TEXTO DO CÓDIGO CIVIL DE 2002:

Art. 399. O devedor em mora responde pela impossibilidade da prestação, embora essa impossibilidade resulte de caso fortuito ou de força maior, se estes ocorrerem durante o atraso; salvo se provar isenção de culpa, ou que o dano sobreviria ainda quando a obrigação fosse oportunamente desempenhada.

TEXTO COMENTADO POR CAIO MÁRIO:
Idêntico ao do Código Civil.
Fontes: Código Civil de 1916, art. 957; Projeto de Código de Obrigações de 1965, art. 184; Projeto de 1975, art. 397.

COMENTÁRIO

O art. 395 enumera o efeito direto e imediato da mora: ressarcimento das perdas e danos. O presente artigo estabelece a chamada perpetuação da obrigação (*perpetuatio obligationis)*. Consiste esta em que, estando o devedor em mora, não se exime com a alegação de que a prestação se impossibilitou por caso fortuito ou força maior. Estando constituído em mora, responde pela impossibilidade da prestação, independentemente de comprovar o credor a culpa do devedor. Isto porque a mora já é um retardamento em que a culpa é presumida.

Ressalvam-se, entretanto, duas hipóteses. A primeira é a prova, dada pelo devedor, de isenção de culpa. Ocorre assim uma inversão do *onus probandi.* A segunda é a demonstração de que o dano sobreviria, mesmo que não estivesse o devedor em mora.

TEXTO DO CÓDIGO CIVIL DE 2002:

Art. 400. A mora do credor subtrai o devedor isento de dolo à responsabilidade pela conservação da coisa, obriga o credor a ressarcir as despesas empregadas em conservá-la, e sujeita-o a recebê-la pela estimação mais favorável ao devedor, se o seu valor oscilar entre o dia estabelecido para o pagamento e o da sua efetivação.

Texto comentado por Caio Mário:
Idêntico ao do Código Civil.

Fontes: Código Civil de 1916, art. 958; Projeto de Código de Obrigações de 1965, art. 185; Projeto de 1975, art. 398.

COMENTÁRIO

1. O artigo estabelece a perpetuação da obrigação como efeito da mora creditória, em simetria com o que ocorre com a do devedor. Revela-se mais minucioso, permitindo um desdobramento analítico. Constituído o credor em mora:

a) fica o devedor liberado de conservar a coisa;

b) o credor é obrigado pelas despesas de conservação;

c) oscilando o valor entre a constituição em mora e a data em que o pagamento se efetive, o credor é obrigado a receber a coisa pelo mais favorável ao devedor.

2. A estes efeitos acrescenta-se:

d) libera-se o devedor das consequências do perecimento ou deterioração da coisa, a não ser que se devam um ou outra à culpa sua;

e) fica o devedor exonerado dos juros e da pena convencional.

3. O artigo ressalva, em prol do credor constituído em mora, o procedimento doloso do devedor, pois que, em nenhuma hipótese, uma pessoa pode invocar sua própria improbidade: *nemo auditur propriam improbitatem allegans.*

Texto do Código Civil de 2002:

Art. 401. Purga-se a mora:

I - por parte do devedor, oferecendo este a prestação mais a importância dos prejuízos decorrentes do dia da oferta;

II - por parte do credor, oferecendo-se este a receber o pagamento e sujeitando-se aos efeitos da mora até a mesma data.

Texto comentado por Caio Mário:

Art. 399. Purga-se a mora:

I – Por parte do devedor, oferecendo este a prestação mais a importância dos prejuízos decorrentes do dia da oferta;

II – Por parte do credor, oferecendo-se a este a receber o pagamento e sujeitando-se aos efeitos da mora até a mesma data.

Parágrafo único. Não se admite a purgação da mora, quando a ela se oponha convenção das partes.

Fontes: Código Civil de 1916, art. 959; Projeto de Código de Obrigações de 1965, art. 187; Projeto de 1975, art. 399.

Nota dos atualizadores:

O Projeto, objeto dos comentários de Caio Mário, continha disposição ociosa, adicionada ao parágrafo único. Isso porque, mesmo na ausência dessa previsão legal, poderiam as partes, no exercício da liberdade contratual, estipular a impossibilidade da purgação da mora, pois não se trata de norma cogente.

COMENTÁRIO

1. O Código, neste artigo, cogita da emenda ou purgação da mora, num e noutro caso.

Para emendar a *mora solvendi*, o devedor oferecerá a prestação mais a importância decorrente do prejuízo até o dia da oferta, abrangendo os juros moratórios e o dano emergente para o credor, acrescido daquilo que ele razoavelmente deveria ganhar, se a *solutio* fosse oportuna.

A *mora credendi* purga-se, oferecendo-se o credor para receber a coisa no estado em que se encontra, com todas as consequências dela.

2. Não tem cabida a *emendatio morae*, se o termo for considerado essencial pela lei ou pela convenção. Estipulada sua inadmissibilidade, a purgação é inaceitável.

Inadmissível, ainda, na pendência da lide, salvo exceções especialmente estabelecidas.

3. Impossível, igualmente, a purgação da mora já *consumada*, como tal aquela que já impôs ao credor dano irreparável; vale dizer que a *purgatio* ou *emendatio morae* somente pode efetuar-se no caso de ser útil e possível a prestação.

4. Em qualquer caso, de *mora debendi* ou *mora credendi*, a purgação ou emenda tem cabimento na anuência daquele a quem a demora prejudica. Mas a renúncia aos seus efeitos, que pode ser expressa ou tácita, neste último caso prevalecerá somente se for inequívoca.

Capítulo III
DAS PERDAS E DANOS

Texto do Código Civil de 2002:

Art. 402. Salvo as exceções expressamente previstas em lei, as perdas e danos devidas ao credor abrangem, além do que ele efetivamente perdeu, o que razoavelmente deixou de lucrar.

Texto comentado por Caio Mário:
Idêntico ao do Código Civil.

Fontes: Código Civil de 1916, art. 1.059; Projeto de Código de Obrigações de 1965, art. 174; Projeto de 1975, art. 400.

COMENTÁRIO

1. O descumprimento da obrigação, no modo e no tempo devidos, sujeita o devedor a indenizar o dano causado. Indenização é, portanto, o meio jurídico de proporcionar ao credor a reparação do prejuízo. Neste passo, o Código tem em vista o dano patrimonial. O próprio vocábulo, decomposto em seus elementos etimológicos, dá ideia de que a indenização consiste em recolocar, no patrimônio do credor, algo de que foi privado, pelo comportamento injurídico do devedor.

Ao estabelecer em que consistem as perdas e danos, o Código compreende a reparação do dano causado pelo descumprimento de toda obrigação, convencional ou legal, bem como a composição da que resulta de ato ilícito. Destaca, entretanto, as perdas e danos nas obrigações em dinheiro, objeto de disposição especial (art. 404).

2. Em princípio, o devedor tem direito à própria coisa, objeto da obrigação. Sempre que possível, o devedor será condenado a prestá-la em espécie. Nem sempre, porém, é possível. Substitui-se então pelo *id quod interest*, com a conversão da *res debita* em um valor pecuniário.

Subordina-se o princípio da reparação em que não pode constituir fonte de enriquecimento, e se diz que não pode visar o credor a obter um lucro – *de lucro capiendo*, porém demanda para evitar um prejuízo – *certat de damno vitando*. Os limites das perdas e danos estão, para tal fim, estatuídos nesta norma, em virtude da qual o credor obtém tudo que o erro de conduta do devedor lhe causou, sem contudo transformar a reparação em enriquecimento indevido.

3. As perdas e danos hão de expressar-se em uma soma de dinheiro equivalente ao desequilíbrio sofrido pelo lesado. Será um valor pecuniário correspondente à perda patrimonial, que se designa como *dano matemático* ou *dano concreto* (KARL LARENZ).

Na sua apuração, leva-se em conta o que o credor efetivamente perdeu, isto é, o valor econômico que a prestação lhe proporcionaria e deixou de ser feito. *É o dano emergente*.

Para que a reparação seja completa, há de compreender, também, aquilo que razoavelmente lucraria, se não tivesse sofrido o comportamento injurídico do devedor, e que na verdade não lucrou – *lucrum cessans*. Ambos, dano emergente e lucro cessante, compreendem, portanto, a indenização, como já se expressara na sentença de PAULUS: *quantum mihi abest, quantumque lucrari potui.*

4. As perdas e danos não podem ser arbitrárias. Somente lhe cabe, com fundamento na reparação, receber aquilo de que o descumprimento da obrigação o privou. Cabe, na indenização, o prejuízo consequente, direta e imediatamente, do descumprimento. Não é, portanto, indenizável o dano remoto. Deverá compreender o *damnum emergens* e o *lucrum cessans*, e não mais nem menos.

5. De elaboração pretoriana é a doutrina segundo a qual os valores representativos de indenização constituem *dívida de valor* e, como tal, sujeita a atualização, mediante índices de correção monetária, dentre outros critérios (Súmula do Supremo Tribunal Federal, verbete nº 562).

6. A reparação por dano moral, admitida neste Código (art. 186), está sujeita a critério próprio, em que predominam a ideia de punição e de compensação.

Texto do Código Civil de 2002:

Art. 403. Ainda que a inexecução resulte de dolo do devedor, as perdas e danos só incluem os prejuízos efetivos e os lucros cessantes por efeito dela direto e imediato, sem prejuízo do disposto na lei processual.

Texto comentado por Caio Mário:
Idêntico ao do Código Civil.
Fontes: Código Civil de 1916, art. 1.060; Projeto de 1975, art. 401.

Nota dos Atualizadores:
No comentário, Caio Mário refere-se ao art. 20 do Código de Processo Civil de 1973, que corresponde ao art. 85 do Código de Processo Civil de 2015.

COMENTÁRIO

1. A orientação do novo Código, como do anterior, vige no sentido de que a infração de um dever jurídico sujeita o devedor a reparar o dano, independentemente de apurar se tinha o agente consciência dele e do efeito danoso (dolo), ou se não tinha (culpa). A verificação do comportamento doloso serve de determinar a responsabilidade daquele dos contraentes, no contrato gratuito, a quem este não favoreça (art. 392). Quanto a determinar o valor das perdas e danos, não cabe distinguir se a inexecução resulta de dolo ou culpa do devedor. Em qualquer dos casos, estará presente o critério estabelecido no artigo anterior, compreendendo-se o dano emergente e o lucro cessante, ainda que direto e imediato, sem se cogitar se previsível ou imprevisível (AGOSTINHO ALVIM), e sem abranger prejuízo meramente hipotético ou abstrato.

2. Aditando ao princípio expresso no art. 1.060 do Código de 1916, o novo ressalva ainda o que possa conter-se na lei processual. O Código de Processo Civil de 1973, art. 20, a título de efeitos da sucumbência, estabelece a responsabilidade, do vencido na demanda, pelos custos e honorários de advogado. Demais disso, a Lei nº 6.899, de 08 de abril de 1981, regulamentada pelo Decreto nº 86.649, de 25 de novembro de 1981, institui a correção monetária, a ser imposta na sentença condenatória.

3. Subsidiariamente, o artigo, invocando a lei processual, reporta-se aos critérios nela estabelecidos, para o arbitramento da indenização, informadores da execução de sentença nas diversas modalidades da condenação.

TEXTO DO CÓDIGO CIVIL DE 2002:

Art. 404. As perdas e danos, nas obrigações de pagamento em dinheiro, serão pagas com atualização monetária segundo índices oficiais regularmente estabelecidos, abrangendo juros, custas e honorários de advogado, sem prejuízo da pena convencional.

Parágrafo único. Provado que os juros da mora não cobrem o prejuízo, e não havendo pena convencional, pode o juiz conceder ao credor indenização suplementar.

TEXTO COMENTADO POR CAIO MÁRIO:

Idêntico ao do Código Civil.

Fontes: Código Civil de 1916, art. 1.061; Projeto de 1975, art. 402.

NOTA DOS ATUALIZADORES:

No comentário, Caio Mário refere-se ao art. 20 do Código de Processo Civil de 1973, que corresponde ao art. 85 do Código de Processo Civil de 2015.

COMENTÁRIO

1. O Código destaca, das demais, a prestação pecuniária. A razão está em que as perdas e danos, segundo o disposto nos artigos anteriores, consistem na conversão da *res debita* em uma quantia em dinheiro. Consistindo, porém, a obrigação em dinheiro, não há conversão a fazer. O ressarcimento do dano, neste caso, será constituído dos juros, que correspondem aos frutos civis de que o credor ficou privado pelo inadimplemento do devedor.

Se a obrigação for acompanhada de cláusula penal, acumulam-se os juros com a pena convencional.

2. O artigo faz alusão aos juros moratórios, isto é, aqueles que são devidos pela demora do devedor no cumprimento do obrigado. Casos há, entretanto, em que são devidos também juros compensatórios, por força de disposição legal ou por construção pretoriana, conforme o caso ou a circunstância.

3. Além dos juros, se se tratar de dívida de valor, cabe a sua atualização, mediante critérios de aferição, dentre os quais os índices de correção monetária.

4. O Código faz incluir na indenização os custos do processo, de que resulta a condenação. A eles, aditam-se os honorários de advogado (Código de Processo Civil de 1973, art. 20), além da correção monetária, por força da Lei nº 6.899, de 8 de abril de 1981, regulamentada pelo Decreto nº 86.649, de 25 de novembro de 1981.

5. O parágrafo único arma o juiz de poderes para agir por equidade. Esta, como justiça do caso dado (RUGGIERO), ou faculdade de conceder ou decidir fora dos termos estritos da lei, permitirá ao julgador pesar as circunstâncias de cada caso, animado de dois elementos inspiradores: a ausência de cláusula penal e a insuficiência dos juros moratórios para cobertura do prejuízo do credor.

O artigo não especifica, nem ao menos oferece elementos para estabelecer em que consiste a indenização complementar. Para isto, pode valer-se de dados concretos, ou proceder sob inspiração de seu arbítrio de bom varão – *arbitrium boni viri.* Não cabe, entretanto, ao juiz proceder discricionariamente. Deverá valer-se, tanto quanto possível, dos elementos consagrados em lei e nos usos e costumes, inclusive judiciais.

Dentre os critérios utilizáveis, estará a correção monetária, que é aplicável às dívidas de valor, como as condenações judiciais na forma do que dispõe a Lei nº 6.899, de 8 de abril de 1981, regulamentada pelo Decreto nº 86.649, de 25 de novembro de 1981; e bem assim os juros compensatórios.

Texto do Código Civil de 2002:

Art. 405. Contam-se os juros de mora desde a citação inicial.

Texto comentado por Caio Mário:

Idêntico ao do Código Civil.

Fontes: Código Civil de 1916, art. 1.064; Projeto de Código de Obrigação de 1965, art. 186; Projeto de 1975, art. 403.

COMENTÁRIO

1. O Código manda contar os juros desde a citação inicial, tomando esta como ponto de partida para a constituição em mora. Não estabelece, entretanto, disposição de ordem pública. Não tem efeito de excluir outros critérios de cômputo. Deveria ser mais completo, fazendo a norma acompanhar-se de cláusula, que ressalva a convenção ou a lei.

2. Amenizando o rigor do princípio segundo o qual as obrigações ilíquidas não sujeitam o devedor aos juros moratórios – *in illiquidis non fit mora* –, o art. 405 manda que se contem desde a inicial. Aí estão compreendidas as obrigações ilíquidas, pois que as positivas líquidas e vencidas vencem juros desde o seu termo (art. 397). Nas provenientes de ato ilícito, o devedor está em mora desde que o praticou (art. 398).

3. A disposição deste artigo não excluiu a estipulação que, a aprazimento das partes, estabelece a incidência de juros moratórios independentemente de ingresso do credor em juízo.

Capítulo IV
DOS JUROS LEGAIS

TEXTO DO CÓDIGO CIVIL DE 2002:

Art. 406. Quando os juros moratórios não forem convencionados, ou o forem sem taxa estipulada, ou quando provierem de determinação da lei, serão fixados segundo a taxa que estiver em vigor para a mora do pagamento de impostos devidos à Fazenda Nacional.

TEXTO COMENTADO POR CAIO MÁRIO:
Idêntico ao do Código Civil.

Fontes: Código Civil de 1916, art. 1.062; Projeto de Código de Obrigação de 1965, art. 148; Projeto de 1975, art. 404.

COMENTÁRIO

1. O Código Civil de 1916 estabelecia a taxa de seis por cento ao ano, quando não convencionada. A prática dos negócios, aliada à depreciação da moeda, demonstraram a sua insuficiência. O Anteprojeto do Código

Civil, de 1973, art. 480, estabeleceu critério demasiadamente impreciso e fluido, reportando-se aos "correntes no lugar do pagamento, segundo a taxa bancária para os empréstimos ordinários". Em face de minhas críticas (Cf. meu livro *Reformulação da Ordem Jurídica e outros temas*, p. 155), a redação foi mudada, resultando este artigo.

2. A norma estabelece uma gradação. Em primeiro plano está a convenção. As partes podem estipular a taxa de juros moratórios, prevalecendo no seu cálculo a cláusula convencionada. Em segundo lugar, observa-se o que estiver estatuído em lei especial. Na falta de taxa legal ou convencional, ou quando a obrigação mencionar juros moratórios, sem fixação de taxa, prevalece como paradigma a taxa estabelecida para a mora do pagamento de impostos e taxas federais.

TEXTO DO CÓDIGO CIVIL DE 2002:

Art. 407. Ainda que se não alegue prejuízo, é obrigado o devedor aos juros da mora que se contarão assim às dívidas em dinheiro, como às prestações de outra natureza, uma vez que lhes esteja fixado o valor pecuniário por sentença judicial, arbitramento, ou acordo entre as partes.

TEXTO COMENTADO POR CAIO MÁRIO:
Idêntico ao do Código Civil.

Fontes: Código Civil de 1916, art. 1.064; Projeto de Código de Obrigação de 1965, art. 150; Projeto de 1975, art. 405.

COMENTÁRIO

1. O artigo refere-se às dívidas de dinheiro, e às prestações de outra natureza, quando lhes seja fixado valor pecuniário. Tal fixação pode vir de sentença condenatória em quantia certa; ou sua liquidação obedecendo aos critérios estatuídos no Código de Processo Civil para as execuções de sentença; ou arbitramento judicial ou extrajudicial; ou, finalmente, acordo entre as partes. Desde que se trate de obrigação de prestação em dinheiro, quer originária quer por qualquer critério de conversão em espécie monetária, os juros moratórios são devidos. O ponto de partida (*dies a quo*) no seu cômputo varia conforme a natureza ou liquidez da dívida (ver *Comentários* ao art. 405).

2. A incidência de juros de mora não depende de alegação ou prova de prejuízo. Este se presume, tendo em vista que o inadimplemento da obrigação constitui só por si um dano ao credor, sujeitando-se conseguintemente o devedor ao pagamento dos juros moratórios.

Capítulo V
DA CLÁUSULA PENAL

TEXTO DO CÓDIGO CIVIL DE 2002:

Art. 408. Incorre de pleno direito o devedor na cláusula penal, desde que, culposamente, deixe de cumprir a obrigação ou se constitua em mora.

TEXTO COMENTADO POR CAIO MÁRIO:
Idêntico ao do Código Civil.

Fontes: Código Civil de 1916, art. 921; Projeto de Código de Obrigação de 1965, art. 155; Projeto de 1975, art. 406.

COMENTÁRIO

1. O conceito de cláusula penal encontra acolhida em todos os autores, e tem origem na *stipulatio penae* do Direito Romano. É uma cláusula acessória, pela qual se impõe uma sanção econômica, em dinheiro ou outro bem pecuniariamente estimável, contra a parte infringente de uma obrigação. Pode punir a inexecução total ou parcial, como pode sancionar o devedor constituído em mora.

Normalmente é aposta às obrigações convencionais, como reforço para o seu implemento. Não é estranha à disposição testamentária, punindo o herdeiro pela inexecução de legados ou encargos. Surge também nas obrigações legais, e, fora do Direito Privado, acompanha deveres de várias naturezas.

2. Discute-se a finalidade ontológica da cláusula penal, se garantia do implemento da obrigação, ou se liquidação antecipada das perdas e danos. No primeiro sentido, reforça o dever-prestar, punindo o devedor inadimplente ou o que deixa de solver a obrigação, no modo e no tempo ajustados (GIORGI, TITO FULGÊNCIO, CLÓVIS BEVILÁQUA). No segundo, estabelece a prefixação das perdas e danos, a que está sujeito o devedor faltoso, destinando-se a ressarcir ao credor o prejuízo (VITTORIO POLACCO, LAURENT, DEMOLONBE, PLANIOL). Modernamente, entretanto, prevalece a opinião segundo a qual ela reúne ambos os objetivos: ao mesmo tempo que constitui liquidação antecipada das perdas e danos, contém punição pelo descumprimento da obrigação do devedor.

3. O problema da constituição em mora está contido no art. 397, a saber se é mora *ex re* ou *ex persona*. Para a incidência da cláusula penal ou pena convencional, nenhuma providência se requer da parte do credor. Positivado o descumprimento absoluto ou relativo da obrigação (no pressuposto de ocorrer a constituição em mora), incorre o devedor faltoso *pleno iure* na cláusula penal.

4. A cláusula penal pode ser instituída a benefício do credor ou de terceiro.

5. Se a obrigação se resolver sem culpa do devedor, resolve-se também a cláusula penal.

Texto do Código Civil de 2002:

Art. 409. A cláusula penal estipulada conjuntamente com a obrigação, ou em ato posterior, pode referir-se à inexecução completa da obrigação, à de alguma cláusula especial ou simplesmente à mora.

Texto comentado por Caio Mário:
Idêntico ao do Código Civil.
Fontes: Código Civil de 1916, arts. 916 e 917; Projeto de Código de Obrigação de 1965, art. 151; Projeto de 1975, art. 407.

COMENTÁRIO

1. O Código, repetindo o modelo de 1916, permite que a cláusula penal se estipule conjuntamente com a obrigação, ou em ato posterior. Incorre, assim, na mesma imprecisão redacional do antigo. O que pretende o dispositivo estabelecer, tal qual o velho Código, é que a pena convencional pode ser estipulada no mesmo instrumento da obrigação principal, como uma de suas cláusulas, ou um de seus itens, como pode, com a mesma eficácia, ser avençada em instrumento à parte, seja simultâneo, seja posterior ao outro. O que se requer é que, se em apartado, possa inequivocamente identificar-se como sendo acessório, efetivamente, dele.

2. A cláusula penal pode ser avençada para punir a inexecução completa da obrigação, uma parte dela, ou simplesmente a mora do devedor. Na conformidade de sua extensão, ela pode ser compensatória ou moratória, com efeitos diversos, como no desenvolvimento da doutrina legal as disposições subsequentes revelam. Problema, às vezes é, determinar, *in concretu*, qual a sua finalidade. As circunstâncias de cada caso é que informam para que fim é instituída, e qual seu objetivo. Cabe, pois ao julgador, nos casos duvidosos, declarar a natureza moratória ou compensatória da cláusula penal.

3. Qualquer que seja a sua finalidade, não pode nunca a cláusula penal ser considerada como uma alternativa a benefício do devedor, como se lhe fosse permitido optar entre a pena convencional e a prestação devida. Sua aposição não converte a obrigação em faculdade alternativa ou obrigação facultativa, ensejando ao devedor oferecer a pena como *facultate solutionis* ao credor. O devedor é obrigado à prestação. Não cumprindo nos termos do obrigado, tem o credor o direito de pedir a multa, com ou sem a execução do principal.

TEXTO DO CÓDIGO CIVIL DE 2002:

Art. 410. Quando se estipular a cláusula penal para o caso de total inadimplemento da obrigação, esta converter-se-á em alternativa a benefício do credor.

TEXTO COMENTADO POR CAIO MÁRIO:
Idêntico ao do Código Civil.

Fontes: Código Civil de 1916, art. 918; Projeto de Código de Obrigação de 1965, art. 152; Projeto de 1975, art. 409

COMENTÁRIO

1. O artigo define uma cláusula penal nitidamente compensatória. Estipulada para o caso de inadimplemento total da obrigação, abre ao credor a opção entre a execução da obrigação e a exigibilidade da pena convencional. Como alternativa que é, sofre os efeitos das obrigações desta natureza, realizando a opção o que constitui uma concentração da *obligatio*. Não pode pedir o credor, cumulativamente, a obrigação e a pena compensatória, pois que a finalidade desta é suprir ao credor o que o inadimplemento lhe retirou. Instituída com a finalidade compensatória, substitui a prestação faltosa.

2. A disposição do Código atribui à cláusula penal, para o caso de total inadimplemento da obrigação, o efeito compensatório automático, parecendo estabelecer que uma obrigação não pode conter senão uma ou outra, isto é, a compensatória e a moratória. Não é exato. Lícito será ajustar a penalidade para total inadimplemento, e outra para assegurar o cumprimento de alguma cláusula isolada e para o caso de mora.

3. Pode acontecer, e com frequência ocorre nos períodos inflacionários, que a cláusula penal não supre o descumprimento da obrigação. No rigor do artigo, descabe postular a imposição de pena convencional cumulada com a indenização por perdas e danos (CLÓVIS BEVILÁQUA). O meu Projeto de Código de Obrigações, art. 152, atentando para o caso, admitia que ao credor fosse aberta tríplice alternativa: pedir a indenização, exigir o cumprimento da obrigação, ou aplicação da cláusula penal.

4. Não contendo o artigo uma definição de ordem pública, é lícito estipular a cláusula penal para total inadimplemento da obrigação juntamente com a indenização das perdas e danos decorrentes da inexecução da obrigação (art. 416, parágrafo único).

Texto do Código Civil de 2002:

Art. 411. Quando se estipular a cláusula penal para o caso de mora, ou em segurança especial de outra cláusula determinada, terá o credor o arbítrio de exigir a satisfação da pena cominada, juntamente com o desempenho da obrigação principal.

Texto comentado por Caio Mário:

Idêntico ao do Código Civil.

Fontes: Código Civil de 1916, art. 919; Projeto de Código de Obrigação de 1965, art. 152; Projeto de 1975, art. 410.

COMENTÁRIO

1. Ao revés da penal compensatória, ou para total inadimplemento da obrigação, pode a pena convencional destinar-se a punir a mora do devedor ou assegurar a execução de uma determinada cláusula da obrigação.

No caso de mora, será devida pelo atraso do devedor no cumprimento. Várias serão as modalidades adotadas. Pode a cláusula penal aludir à falta oportuna de execução, punindo-a com uma certa soma fixa ou percentual sobre o valor da prestação faltosa; pode estabelecer punição continuada e sucessiva, em que incorre o devedor por dias de atraso no cumprimento da obrigação; pode sofrer aumento gradativo, na medida em que a demora se estende; como pode conjugar a mora com a resolução do contrato, se atingir um lapso de tempo determinado.

No caso de ser o reforço de determinada obrigação, incorre nela o devedor pelo fato de infringi-la.

2. A característica desta modalidade de penal é que não estabelece alternativa para o credor. Ao revés, tem ele direito a pleitear cumulativamente a penal com o desempenho da obrigação principal. E, caso esta não seja possível, ou lhe não mais convenha, pode o credor exigir, com as perdas e danos, a penal moratória, desde que naquelas não tenha ficado esta embutida.

3. Se é livre a estipulação da cláusula penal, livre também é a sua exigibilidade. O credor pode deixar de cobrá-la, como pode expressamente renunciá-la. Cumpre, todavia, interpretar a renúncia em termos estritos (TITO FULGÊNCIO), como, aliás, se dá com toda renúncia.

TEXTO DO CÓDIGO CIVIL DE 2002:

Art. 412. O valor da cominação imposta na cláusula penal não pode exceder o da obrigação principal.

TEXTO COMENTADO POR CAIO MÁRIO:
Idêntico ao do Código Civil.

Fontes: Código Civil de 1916, art. 920; Projeto de Código de Obrigação de 1965, art. 151; Projeto de 1975, art. 411.

COMENTÁRIO

1. O novo Código mantém um princípio que no regime do de 1916 já não tinha justificativa. E, na sistemática do atual, menos cabimento traz. A manutenção é fruto de pura força da inércia. Uma vez que estava, ficou.

2. Somente as partes são interessadas em reforçar o cumprimento da obrigação com uma pena convencional. E, do mesmo modo que são livres de inseri-la ou não, no texto ou em apartado, devem ter o arbítrio de graduá-la nos limites de suas conveniências, estimando-a em cifra mais ou menos elevada. Não é a defesa contra a usura que orienta a sua limitação, porque o mútuo é tratado como contrato típico, e pode comportar normas restritivas, como, aliás, aconteceu com o Decreto nº 22.626, de 7 de abril de 1933, art. 9º, que restringiu a pena convencional, para aquele contrato, no limite de 10% do débito.

3. A disposição deste artigo é inócua, tendo em vista que o seguinte permite a redução equitativa pelo juiz, e o art. 416 admite seja estipulada indenização suplementar.

4. Tal como redigido, o artigo contém disposição de ordem pública, estatuindo a variação da pena em qualquer cifra, desde que não ultrapasse o valor da obrigação a que excede. Restou, porém, uma disposição furada, já que o Código permite, às partes, sobrecarregar a cláusula penal com a indenização suplementar, mesmo quando avençada no limite máximo.

5. Do jogo dos princípios, que na realidade se apresentam contraditórios, fica o juiz munido de mais amplos poderes para, em face das circunstâncias, usar com sobriedade o seu *arbitrium boni viri*, a fim de situar a pena convencional dentro em limites compatíveis com o jogo dos interesses, no plano da liceidade e do equilíbrio.

6. Pode lei especial fixar outro limite para a cláusula penal, como aconteceu com o Decreto nº 22.626, de 7 de abril de 1933, art. 9º, que o fixou em 10% nos contratos de mútuo, mas que CLÓVIS BEVILÁQUA, *data venia*, sem razão, considerou extensivo à penal em qualquer outro contrato (ver minhas *Instituições de Direito Civil*, vol. II, nº 151).

TEXTO DO CÓDIGO CIVIL DE 2002:

Art. 413. A penalidade deve ser reduzida equitativamente pelo juiz se a obrigação principal tiver sido cumprida em parte, ou se o montante da penalidade for manifestamente excessivo, tendo-se em vista a natureza e a finalidade do negócio.

TEXTO COMENTADO POR CAIO MÁRIO:

Idêntico ao do Código Civil.

Fontes: Código Civil de 1916, art. 924; Projeto de Código de Obrigação de 1965, art. 153; Projeto de 1975, art. 412.

COMENTÁRIO

1. O Código, com este artigo, alterou fundamentalmente a sistemática da cláusula penal, e consagrou intervenção judicial na economia do contrato. As partes são o melhor juiz da conveniência de estabelecer a punição para o caso de inadimplemento total ou parcial da obrigação, ou de demora no seu cumprimento. No regime do Código Civil de 1916, admitia-se que, em razão do cumprimento parcial da obrigação, o juiz poderia reduzir o montante da penalidade, sopesando o valor da parte já executada, em confronto com o valor total da obrigação. Consagra o novo duas hipóteses de redução: cumprimento parcial e excesso de punição.

2. No tocante à redutibilidade, considera-se a situação daquele que, depois de haver em parte executado a obrigação, torna-se inadimplente. Considerando que a cláusula penal não deve ser fonte de enriquecimento, o Código revogado concedia ao juiz a faculdade de reduzi-la na proporção do adimplido, confiando-lhe razoável arbítrio que somente ele era senhor de usar ou não. O modelo foi o art. 1.351 do Código Civil francês, justificado pela doutrina (PLANIOL, RIPERT ET BOULANGER, Irmãos MAZEAUD, DE PAGE).

Vem, entretanto, o novo Código e converte em dever um poder, que o julgador teria o arbítrio de usar se lhe parecesse que o inadimplente estava sendo sacrificado, ou deixar de utilizar se lhe parecesse que a penalidade era adequada, mesmo que a obrigação já estivesse executada em parte. Impõe a redução da penalidade, como norma dirigida ao juiz. Deve ser reduzida pelo julgador, sempre que tiver ocorrido adimplemento parcial, e ainda que as circunstâncias demonstrem não ser desproporcional ao que está para ser cumprido.

A redutibilidade de pena excessiva encontra amparo no Código Suíço e no BGB, como também no meu Projeto de Código de Obrigações, porém como uma faculdade. O que fere a autonomia da vontade e contraria a natureza da pena convencional é o caráter imperativo da norma. Não sendo, porém, matéria de ordem pública, pode ser ajustada a irredutibilidade.

3. Reduzida será, ainda, se ao juiz parecer manifestamente excessiva. O juiz considerará a natureza do negócio e a sua finalidade.

4. O que pode servir de frenação às pretensões abusivas do inadimplente é o arbítrio do magistrado. Quanto à redutibilidade por implemento parcial, o juiz inspira-se no princípio da equidade, dosando a diminuição da pena, segundo o seu arbítrio de bom varão, e tendo em conta o princípio da boa-fé dos contratantes, bem como o comportamento do inadimplente no confronto com o "*homem de negócios real e honesto*".

No tocante ao excesso de pena, sua redução dá-se se for manifesta. O julgador apreciará o valor da pena, confrontando-o com as demais circunstâncias do negócio, e somente o diminuirá se for manifesto, ostensivo, perceptível a todo surto de vista.

5. Em qualquer caso, o poder do juiz não pode ser levado ao extremo de minguá-la a ponto de convertê-la em quantia ínfima – *sestercio uno* –, desfigurando a pena convencional, retirando-lhe a dupla finalidade, de reforço da obrigação e de liquidação prévia das perdas e danos.

Texto do Código Civil de 2002:

Art. 414. Sendo indivisível a obrigação, todos os devedores, caindo em falta um deles, incorrerão na pena; mas esta só se poderá demandar integralmente do culpado, respondendo cada um dos outros somente pela sua quota.

Parágrafo único. Aos não culpados fica reservada a ação regressiva contra aquele que deu causa à aplicação da pena.

Texto comentado por Caio Mário:

Idêntico ao do Código Civil.

Fontes: Código Civil de 1916, art. 925; Projeto de Código de Obrigação de 1965, art. 154; Projeto de 1975, art. 413.

COMENTÁRIO

1. O Código parte do pressuposto de que a indivisibilidade da prestação não subsiste na cláusula penal que, via de regra, é uma quantia em dinheiro. Indivisível a obrigação, tem o credor direito a seu cumprimento integral. Descumprida, absoluta ou relativamente, tem também direito de receber a pena convencional por inteiro. Caindo em falta um dos co-devedores, a cláusula penal atinge a todos. Contra o culpado pode ser pedida sua aplicação integral, em razão mesma da culpa. Não podendo, ou não cumprindo, o credor pode exigir que todos os devedores lhe paguem a pena convencional. Neste caso, porém, aplica-se o princípio que impera na obrigação divisível com pluralidade de devedores: *concursu partes fiunt.* Cada um responde pela sua cota-parte.

Aos não culpados, que suportaram uma parte da pena, cabe ação de *in rem verso* contra aquele que incidiu em culpa.

2. Não ocorrendo o que é o pressuposto do artigo, isto é, que também a cláusula penal seja indivisível, o credor pode pedi-la por inteiro a qualquer dos devedores, o qual terá, pelo mesmo motivo, ação regressiva contra o culpado.

3. Estabelecida a solidariedade, na pena convencional, aplicam-se os princípios da solidariedade, cada qual sendo devedor de toda a pena, e por inteiro: *totum et totaliter.*

4. A disposição do artigo aplica-se a qualquer caso de obrigação indivisível, ainda que a prestação o não seja por natureza, porém hajam as partes convencionado a indivisibilidade.

TEXTO DO CÓDIGO CIVIL DE 2002:

Art. 415. Quando a obrigação for divisível, só incorre na pena o devedor ou o herdeiro do devedor que a infringir, e proporcionalmente à sua parte na obrigação.

TEXTO COMENTADO POR CAIO MÁRIO:
Idêntico ao do Código Civil.
Fontes: Código Civil de 1916, art. 926; Projeto de 1975, art. 414.

COMENTÁRIO

1. O dispositivo figura no Código apenas em relação simétrica com o anterior. Sendo divisível a obrigação, cada um dos devedores somente deve a sua cota-parte no débito. Fraciona-se esta em tantas obrigações, iguais e distintas, quantos são os credores, ou devedores (art. 257). Se o credor tem ação para receber de cada devedor a sua parte na obrigação, não pode tê-la para exigir a pena convencional, também divisível, senão a cada qual, uma vez que a pena é acessório da dívida, e, como tal, segue o principal. Da mesma forma, e pelo mesmo motivo, o herdeiro do devedor de coisa indivisível não responde para além do que deve o autor da herança.

2. Estipulada solidariedade, ou estabelecida a incidência de pena convencional em coisa indivisível, cabe ao credor exigi-la por inteiro de qualquer dos devedores, ressalvada a este ação de regresso contra o culpado.

TEXTO DO CÓDIGO CIVIL DE 2002:

Art. 416. Para exigir a pena convencional, não é necessário que o credor alegue prejuízo.

Parágrafo único. Ainda que o prejuízo exceda ao previsto na cláusula penal, não pode o credor exigir indenização suplementar se assim não foi convencionado. Se o tiver sido, a pena vale como mínimo da indenização, competindo ao credor provar o prejuízo excedente.

TEXTO COMENTADO POR CAIO MÁRIO:

Idêntico ao do Código Civil.

Fontes: Código Civil de 1916, art. 927; Projeto de Código de Obrigação de 1965, art. 155; Projeto de 1975, art. 415.

COMENTÁRIO

1. Efeito fundamental da pena convencionada é a sua exigibilidade *pleno iure*, independentemente da alegação de o credor estar ou não prejudicado pela inexecução do obrigado. Basta demonstrar a inexecução, que é o pressuposto da incidência na multa. Mesmo que o devedor demonstre a inocorrência de dano, a pena convencional é devida. Se não merecer a consideração de prefixar perdas e danos, em razão de não haver prejuízo, não pode faltar com a sua finalidade assecuratória do adimplemento. Daí ficar estatuído que ela é devida, pelo só fato do inadimplemento.

2. No regime do Código Civil de 1916, o devedor não se eximia de seu pagamento a pretexto de ser excessiva, somente cabendo a redução por equidade no adimplemento parcial. Estabelecida a redutibilidade por excessiva onerosidade, o que cabe ao devedor é questionar esta circunstância sem que a alegação possa conduzir à exoneração completa.

3. Em doutrina, com repercussão jurisprudencial, questiona-se a hipótese de se verificar a inferioridade da cláusula penal comparativamente ao montante do prejuízo causado pelo inadimplemento. Regra é que cabia aos interessados em estabelecer a penal ou relegarem-se para as perdas e danos, na forma do direito comum. O parágrafo único veio consagrar a tese, ao assentar que não cabe indenização suplementar, salvo se convencionada. Assim dispondo, admitiu ser lícito às partes estipular a acumulação de cláusula penal, com a indenização suplementar, caso em que uma não exclui a outra.

4. Convencionada a pena e a indenização suplementar, a primeira é considerada como a prefixação mínima do prejuízo. Para haver a sua suplementação, cabe ao credor demonstrar que o valor da cláusula penal não traz ressarcimento do prejuízo. Provado o excedente, o juiz complementará o montante da pena convencionada, com a estimação do prejuízo. Ao revés, se o credor não o convencer do prejuízo excedente, a satisfação das perdas e danos fica limitada à cláusula penal.

Capítulo VI
DAS ARRAS OU SINAL

TEXTO DO CÓDIGO CIVIL DE 2002:

Art. 417. Se, por ocasião da conclusão do contrato, uma parte der à outra, a título de arras, dinheiro ou outro bem móvel, deverão as arras, em caso de execução, ser restituídas ou computadas na prestação devida, se do mesmo gênero da principal.

Texto comentado por Caio Mário:

Idêntico ao do Código Civil.

Fontes: Código Civil de 1916, art. 1.096; Projeto de Código de Obrigação de 1965, art. 310; Projeto de 1975, art. 416.

COMENTÁRIO

1. A colocação do instituto das arras no novo Código não é feliz. Alguns sistemas consideram-nas ligadas a um contrato, especificamente. O Código Civil de 1916 disciplinava-as na parte geral dos contratos, e assim fazia o meu Projeto de Código de Obrigações de 1965. O novo Código colocou-as na Parte Geral das Obrigações, não obstante o art. 417 fazer referência expressa a que são dadas "*por ocasião da conclusão do contrato*".

2. Com origem no Direito de Família, e ligadas ao contrato esponsalício, penetrou no direito obrigacional, com características bem definidas. Considera-se uma convenção acessória real, com a finalidade de assegurar a conclusão do contrato. Este efeito confirmatório vinha expresso no art. 1.094 do Código de 1916. O atual dispensou-se de mencioná-lo, mas nem por isso deixa de ser da natureza da arra ou sinal, em face de lhe atribuir o art. 420 o direito de arrependimento, em caráter opcional.

3. Dadas as arras, considera-se assegurada a conclusão do contrato. Distinguem-se da cláusula penal, pelo fato de ser convenção real, no sentido de que um dos contratantes entrega desde logo ao outro uma importância em dinheiro ou uma outra coisa móvel, ao passo que a cláusula penal consiste numa convenção acessória, pela qual a parte infratora pagará à outra o valor estipulado.

4. Duas hipóteses prevê o artigo para o caso de execução de contrato. No primeiro caso, considera que o contratante deu ao outro uma coisa diversa do objeto do contrato principal. Executado ele, cabe ao que a recebeu restituí-la a quem a deu. No segundo, sendo as arras do mesmo gênero da prestação principal, ou com ela guardando relação de fungibilidade (SALEILLES), consideram-se as arras princípio de pagamento, e, para este fim, são computadas na prestação devida.

TEXTO DO CÓDIGO CIVIL DE 2002:

Art. 418. Se a parte que deu as arras não executar o contrato, poderá a outra tê-lo por desfeito, retendo-as; se a inexecução for de quem recebeu as arras, poderá quem as deu haver o contrato por desfeito, e exigir sua devolução mais o equivalente, com atualização monetária segundo índices oficiais regularmente estabelecidos, juros e honorários de advogado.

TEXTO COMENTADO POR CAIO MÁRIO:
Idêntico ao do Código Civil.
Fontes: Código Civil de 1916, art. 1.097; Projeto de Código de Obrigação de 1965, art. 311; Projeto de 1975, art. 417.

COMENTÁRIO

1. Cogita o artigo das arras confirmatórias, que se definiam no Direito Romano como dadas em sinal do consentimento: *arrha quae in signum consensus interpositi data.* O seu efeito é previsto no artigo, para as hipóteses de inexecução da parte de quem as deu, como daquele que as recebeu. Se o que deu o sinal causar voluntariamente a não realização do contrato, ensejará à outra parte considerá-lo resolvido, retendo-o. Vale dizer, o inadimplente perde-o em favor do contratante inocente. Reversamente, se a inexecução for de quem recebeu as arras, abre ao outro contratante a faculdade de considerar o contrato por desfeito, sujeitando-se o que as recebeu à devolução em dobro, isto é, restituição do que recebeu e mais outro tanto.

2. Ocorrendo a impossibilidade sem culpa, não pode qualquer das partes ser punida. O que recebeu as arras restitui-as, simplesmente, porque não pode reter o recebido, sem que com isto se enriqueça indevidamente.

TEXTO DO CÓDIGO CIVIL DE 2002:

Art. 419. A parte inocente pode pedir indenização suplementar, se provar maior prejuízo, valendo as arras como taxa mínima. Pode, também, a parte inocente exigir a execução do contrato, com as perdas e danos, valendo as arras como o mínimo da indenização.

Texto comentado por Caio Mário:
Idêntico ao do Código Civil.
Fontes: Projeto de Código de Obrigação de 1965, art. 311; Projeto de 1975, art. 418.

COMENTÁRIO

1. Entre os nossos civilistas era acesa a controvérsia se, além das arras, ainda seriam devidas as perdas e danos. Havia os que não o admitiam, os que consideravam possível a acumulação, e a tendência jurisprudencial era no sentido de que seria lícita indenização além das arras, na hipótese de estipulação das partes (cf. minhas *Instituições de Direito Civil*, vol. III, nº 202).

O novo Código pôs termo às dúvidas, tal como já constava no meu Projeto de Código de Obrigações, placitando a acumulação.

2. Na inexecução do contrato, tem a parte inocente a alternativa de resolver o contrato, ou exigir a sua execução. Em qualquer caso, poderá acumular o sinal com o ressarcimento do prejuízo.

Se optar pela resolução do negócio, pode pedir indenização, não obstante as arras, uma vez provando ser o prejuízo maior do que o valor delas. Nunca, porém, diminuir, porque constituem o mínimo de ressarcimento.

Se preferir a execução do contrato, pode pedi-la, acumulando-as com as perdas e danos. Neste caso, funcionam as arras como o mínimo da indenização.

Texto do Código Civil de 2002:

Art. 420. Se no contrato for estipulado o direito de arrependimento para qualquer das partes, as arras ou sinal terão função unicamente indenizatória. Neste caso, quem as deu perdê-las-á em benefício da outra parte; e quem as recebeu devolvê-las-á, mais o equivalente. Em ambos os casos não haverá direito a indenização suplementar.

Texto comentado por Caio Mário:
Idêntico ao do Código Civil.
Fontes: Código de 1916, art. 1.095; Projeto de Código de Obrigação de 1965, art. 312; Projeto de 1975, art. 419.

COMENTÁRIO

1. Cogita o artigo das arras penitenciais (*arrha poenitentialis*), que o Direito Romano considerava como pertencentes ao direito de arrependimento (*arrha quae ad ius poenitendi pertinet)*. Com esta finalidade, liga-se-lhe o efeito indenizatório. É nesta função que o sinal corresponde, em princípio, à cláusula penal, da qual se distingue em dois pontos: o primeiro por ser convenção acessória real, que se cumpre com a entrega efetiva e prévia da quantia ou coisa; o segundo, por não admitir indenização suplementar, que a cláusula penal permite acumular.

2. As arras penitenciais devem ser objeto de estipulação. Na falta desta última, prevalece o caráter confirmatório. Avençado o direito de arrependimento, o valor das arras é a estimativa das perdas e danos. Se o arrependido for quem as deu, perde-as em favor do outro contratante. Se quem as recebeu, restitui-as em dobro, isto é, devolve as arras recebidas, e mais o equivalente.

3. Tendo o Código admitido que se acumule a indenização com as arras confirmatórias, entendeu de bom alvitre afastar desde logo qualquer dúvida, recusando indenização suplementar no caso da arras penitenciais.

Este livro foi impresso nas oficinas gráficas da Editora Vozes Ltda.,
Rua Frei Luís, 100 – Petrópolis, RJ.